ALLGÄU

Regioführer spezial

DIE AUTOREN

Jochen Könnecke, 1968 in Göttingen geboren, studierte an der Universität für Musik und Darstellende Kunst Mozarteum in Salzburg Schauspiel und war an verschiedenen Theatern im deutschsprachigen Raum engagiert. Seit einem längeren Aufenthalt in Lettland im Jahr 2004 verfasst er auch Reiseführer sowie Artikel für Reisemagazine, vor allem über das Baltikum und Russland. Im Jahr 2014 war er Stipendiat des Deutschen Kulturforums östliches Europa. Er lebt mit seiner Familie in Potsdam.

Jana Heinzelmann ist Bloggerin und Autorin. Seit 2012 lebt sie im Allgäu und auf ihrem Blog berichtet sie seitdem von tollen Genusswanderungen im Allgäu und anderen Wanderregionen. Neben vielen Genusswanderungen finden Leser auf ihrem A Tasty Hike Blog auch viele hilfreiche Tipps für Wanderanfänger. www.atastyhike.de

www.vistapoint.de

INHALT

EXTRAS – ZUSATZINFORMATIONEN

ORTE AUS »1000 PLACES TO SEE BEFORE YOU DIE«

Zeichenerklärung

Top 10
Das müssen Sie gesehen haben

Vista Point
Reiseregionen, Orte und Sehenswürdigkeiten

Symbole
Verwendete Symbole siehe hintere innere Umschlagklappe.

Kartensymbol: Verweist auf das entsprechende Planquadrat der ausfaltbaren Karte bzw. der Detailpläne im Buch.

Mein Urlaub
KÖNIGSCARD
ALLGÄU · TIROL · OBERBAYERN
KÖNIGSCARD Unterkunft buchen
KÖNIGSCARD von eurem Gastgeber bekommen
Über 200 Erlebnisse wie Bergbahnen, Schifffahrt, Klettergärten uvm. kostenlos entdecken
Einfach ausprobieren.
koenigscard.com
Allgäu
Tirol
OBERBAYERN

Auf das 2214 m hohe Nebelhorn fährt die höchste Seilbahn des Allgäus

0
5 km
Babenhausen
Mindelheim
Türkheim
Buchloe
Bad Wörishofen
Buxheim
Memmingen
Ottobeuren
Kronburg
Bad Grönenbach
Kaufbeuren
Irsee
Obergünzburg
Bad Wurzach
Leutkirch
Altusried
Wolfegg
Kißlegg
Waldburg
Schmidsfelden
Dietmanns-ried
Kempten (Allgäu)
Marktoberdorf
Wangen
Isny i.A.
Schwarzer Grat
Durach
Walten-hofen
Weitnau
Lindenberg
Simmerberg
Scheidegg
Lindau
Oberstaufen
Immenstadt
Blaichach
Alpsee
Nesselwang
Pfronten
Füssen
Schwangau
Halblech
Forggen-see
Sont-hofen
Bad Hindelang
Fischen i. A.
Oberstdorf
Hochgrat 1883
Nebelhorn 2224
Mädelegabel 2649
Allgäuer Alpen
Lechtaler Alpen
ÖSTERREICH
Bodensee
Bregenz
Dornbirn
Ravensburg
Biberach
Landsberg a. Lech
Zugspitze 2962

Willkommen im Allgäu

Wer zum ersten Mal ins Allgäu fährt, staunt in der Regel nicht schlecht. Hier scheint die Welt noch in Ordnung zu sein: saftige grüne Wiesen, auf denen zufrieden Kühe weiden, eine Voralpenlandschaft, an deren Panorama man sich einfach nicht sattsehen kann, und Bäche, die sich durch tiefe Schluchten kämpfen und in kristallklaren Badeseen münden. Darüber hinaus freundliche Menschen, die in gepflegten Städten mit historischer Bebauung oder kleinen Dörfern in romantischen Tälern leben. Und nicht zuletzt scheinen die Einheimischen auch noch sehr vernünftig zu sein, legen sie doch großen Wert auf den Erhalt der Natur, auf eine gesunde Lebensweise und schließlich auch noch auf die Produktion von hochwertigen Lebensmitteln.

Wenn diese Beschreibung sicherlich ein bisschen zu märchenhaft sein mag – das Allgäu repräsentiert tatsächlich eine äußerst idyllische Welt, die schon König Ludwig II. über die Maßen fasziniert hat. Es scheint, als habe er der Landschaft mit seinen Bauwerken die Krone aufsetzen wollen.

Während die meisten Touristen aus dem Ausland einen Kurztrip in den Königswinkel unternehmen, um sich gegenseitig vor Schloss Neuschwanstein abzulichten, zieht es immer mehr Aktivurlauber in die alpine Welt bei Füssen, Oberstaufen und vor allem Oberstdorf mit seinen beiden Hausbergen Nebelhorn und Fellhorn. Hier kann man im Sommer ausgedehnte Wanderungen oder Klettertouren unternehmen und im Winter rasante Abfahrten auf unzähligen Skipisten wagen. Andere Besucher lassen es dagegen lieber ruhiger angehen und fahren mit dem Auto oder Fahrrad auf kurvigen Bergstraßen, genießen die zahlreichen Wellnessangebote der gediegenen Kurhotels oder lassen sich in traditionsreichen Gasthöfen Kässpätzle oder Maultaschen servieren.

Auch Kulturliebhaber kommen auf ihre Kosten, wenn sie durch alte Reichsstädte oder prachtvolle Residenzen der Fürsten und Kirchenoberhäupter flanieren. Bauwerke vieler Epochen sind hier vertreten, doch unübersehbar dominiert der verschwenderische Barock die architektonische Landkarte der Region. Wie auch immer Ihr Urlaub im Allgäu aussehen mag, er wird auf jeden Fall bereichernd sein, denn soviel ist klar: Das Allgäu bietet für jeden etwas.

Blick von Schloss Neuschwanstein auf die Lechtaler Alpen, rechts Schloss Hohenschwangau

Top 10: Das müssen Sie gesehen haben

1 Kloster und Museum St. Mang
S. 31 ➡ F9
Das Barockgebäude soll sich an der Stelle erheben, an der die Mönchszelle des Einsiedlers Magnus gestanden hat. Heute residiert hier unter anderem das Museum der Stadt Füssen.

2 Schloss Neuschwanstein
S. 63 ff. ➡ G10
Das »Märchenschloss« König Ludwigs II. zieht jährlich rund 1,4 Mio. Besucher an.

3 Burgruine Falkenstein
S. 71 ➡ F9
Die Überreste der Burg Falkenstein bei Pfronten stehen am Rande einer senkrechten Felswand und sind mit 1268 Metern Höhe Deutschlands höchstgelegene Burgruine.

4 Wanderparadies Oberstdorf
S. 91 ff. ➡ H7
Die wundervolle Lage vor den Alpen machen die Gegend rund um Oberstdorf zu einem Paradies für Wanderer.

5 Breitachklamm
S. 96 f. ➡ H7
Donnernd stürzt sich die Breitach durch die

tiefste Schlucht des Landes, deren Geschichte vor etwa 10 000 Jahren mit dem Abschmelzen des Breitachgletschers begann.

6 Archäologischer Park Cambodunum
S. 101, 106 ➡ E7
Im Archäologischen Park in Kempten wird die über 2000 Jahre alte Stadtgeschichte erfahrbar.

7 Altstadt von Lindau
S. 122 ff. ➡ G3
Die Altstadt von Lindau liegt auf einer kleinen Insel im Bodensee, die nur durch zwei Dämme mit dem Festland verbunden ist.

8 Baumwipfelpfad »Skywalk«
S. 129 ff. ➡ F/G4
In einer Höhe von rund 40 Metern geht's durch ein Waldgebiet. Eindrucksvolle Blicke auf das Alpenvorland und den Bodensee garantiert.

9 Schwäbisches Bauernhofmuseum
S. 157 f. ➡ D6
Alltagsleben der schwäbischen Bauern von einst: Im Freilichtmuseum Illerbeuren stehen mehr als 30 historische Gebäude aus vier Jahrhunderten.

10 Benediktinerabtei Ottobeuren
S. 166 ff. ➡ C7
Majestätisch erhebt sich die barocke Kirche im Ortszentrum. Ihre prachtvolle Innenausstattung beeindruckt jeden Besucher. Angeschlossen ist ein weitläufiger Klosterbau mit sehenswertem Museum.

Ein Rundgang durch die Stadt im Königswinkel

Vormittag
Kaiser-Maximilian-Platz – SiebenSteinBrunnen – Reichenstraße – Krippkirche St. Nikolaus – Stadtbrunnen – Kloster St. Mang – Museum der Stadt Füssen – Stadtpfarrkirche St. Mang – Hohes Schloss – Staatsgalerie – Städtische Gemäldegalerie – Veitskapelle – Heilig-Geist Spitalkirche – Lechuferweg – Bleichertörle – Franziskanerkloster – Sebastiansfriedhof.

Mittag
Mittagspause im italienischen Restaurant Il Pescatore (vgl. S. 31).

Nachmittag
Stadtmauer – Brotmarkt – Lautenbacherbrunnen – Wohnhaus Anton Sturm – Kornhaus – Schrannenplatz – Ausflug: Kalvarienberg und Lechfall oder Bad Faulenbach.

Luftaufnahme von Füssen

Die folgende Stadttour ist auf dem Stadtplan rot eingezeichnet.

Nähert man sich vom Norden dem sogenannten Königswinkel, fällt der Blick meist zuerst auf das hoch aufragende Schloss Neuschwanstein, das alljährlich mehr als eine Million Besucher aus der ganzen Welt anlockt. Beinahe unauffällig wirkt dagegen die Kleinstadt **Füssen** ➡ F9/10, die sich am Ufer des Lech erstreckt, einem der letzten Wildflüsse Europas, der etwas weiter am Stadtrand in den Forggensee mündet. Verwinkelte Gassen,

Bildstock in Roßhaupten: Der Wandermönch Magnus tötet den Drachen

Abendstimmung am Lech

Teile der Stadtmauer und nicht zuletzt die von fernher sichtbaren Wahrzeichen Füssens, das Hohe Schloss und das Kloster St. Mang, bezeugen die lange und ereignisreiche Geschichte des Ortes. Sanfte Hügel umgeben die 15600 Einwohner zählende Stadt und bieten romantische Ausblicke auf die spätgotischen und barocken Bauten. Dahinter bestimmt das imposante Ammergebirge den Horizont und wirkt, je nach Wetterlage, mal beschützend und mal bedrohlich.

Füssen eignet sich nicht nur als Ausgangsort für Ausflüge zu den herrlichen Seen und in die wunderschöne Gebirgslandschaft, sondern hat auch selbst viel zu bieten. Hervorragende Unterkünfte, vorzügliche Restaurants und zahlreiche Wellnessmöglichkeiten runden einen Aufenthalt in dieser mehr als 700-jährigen Stadt ab. Die Siedlungsgeschichte reicht bis ins 3. Jahrhundert, als auf dem heutigen Schlossberg eine Abteilung der dritten römischen Legion mit dem Namen *Foetibus* stationiert wurde, um den Nachschub zu sichern. Grund dafür war der Bau der alten Römerstraße *Via Claudia Augusta*, die unter anderem in Altino im Gebiet des heutigen Venedig begann und über Füssen und Augsburg bis an die Donau führte. Aus dieser Zeit stammt auch die älteste erhaltene namentliche Nennung Füssens, eine römische Inschrift des 4. Jahrhunderts, in der von einem *praepositus militum fotensium* (Offizier der Soldaten von Füssen) die Rede ist.

Nach dem Niedergang des Römischen Reiches spielte der Ort erst wieder mit dem Auftauchen des St. Gallener Wandermönchs Magnus eine Rolle. Dieser ließ sich im 8. Jahrhundert am Schlossberg nieder, nachdem er der Legende nach in Roßhaupten einen Drachen getötet und in Füssen die gefürchteten »Lechgeister« vertrieben haben soll. Andererseits soll er aber auch in dem Bestreben, eine zusätzliche Erwerbsquelle für sich und seine Mönchsgemeinschaft zu finden, auf dem Säuling mit Erfolg nach Eisenerz gesucht haben. Seine Mönchszelle und das von ihm erbaute Oratorium wurden nach seinem Tod zwar zerstört, jedoch durch den Augsburger Bischof Sintbert im 9. Jahrhundert wieder aufgebaut. Bis heute gilt Magnus als Gründer und erster Abt des bis 1802 bestehenden Benediktinerklosters St. Mang. In der »Vita s. Magni«, einer umstrittenen biografischen Schrift über Magnus, ist auch von *Fauces* (Schlund) die Rede. Damit ist zwar eigentlich der Lechfall gemeint, dennoch gilt der Name seither als möglicher Ursprung des Stadtnamens. In abgewandelter Form taucht er im 12. Jahrhundert in verschiedenen Varianten als *Fuzin, Fozen, Fießen* oder eben *Fuessen* auf, was dann aber fälschlicherweise als die »Mehrzahl von Füße« übersetzt wurde. Aus diesem Grund sind auch drei Füße auf dem im 13. Jahrhundert entstandenen Wappen von Füssen zu sehen.

Klosteranlage St. Mang in der Altstadt

Vermutlich war Füssen seit 1286 Reichsstadt, im Jahr 1313 sprach man das Kloster und die Stadt jedoch dem Augsburger Hochstift zu. Das hatte Bestand bis zur Auflösung des weltlichen Territoriums des Hochstifts im Jahre 1802/03. Den Höhepunkt seiner Macht erlebte Füssen im 15. und 16. Jahrhundert, als es sich zu einem wichtigen Handelsplatz entwickelte und sich angeblich Kaiser Maximilian I. um 1500 über dreißig Mal in der Stadt aufhielt. In diese Zeit fällt auch der Beginn des Lauten- und Geigenbaus in Füssen, das im Laufe der Zeit zu einem der bedeutendsten Zentren des Musikinstrumentenbaus in Europa aufstieg.

Ein wichtiger Einschnitt war die Besetzung des katholischen Füssens 1546 im Schmalkaldischen Krieg durch eine Truppe der oberdeutschen Städte unter der Führung des protestantischen Landsknechtführers Sebastian Schertlin von Burtenbach. Und spätestens im Dreißigjährigen Krieg erfuhr Füssen vor allem durch die Schweden zwischen 1632 und 1642 schlimmste Verwüstungen und Zerstörungen, von denen sich die Stadt nur langsam wieder erholte. Überregionale politische Bedeutung erlangte der Ort im Jahr 1745, als der Österreichische Erbfolgekrieg in den Räumlichkeiten des Füssener Gasthofes »Zum goldenen Horn« beendet und ein Friedensabkommen unterzeichnet wurde. Im Zuge der sogenannten Säkularisation, die durch die militärischen Erfolge Napoleons ausgelöst worden war, wurde 1803 das Benediktinerkloster aufgelöst und die Stadt Füssen dem Kurfürstentum Bayern zugesprochen.

Der SiebenSteinBrunnen soll an die Geschichte der Stadt erinnern

In den Gassen der Altstadt von Füssen

Einen neuerlichen Aufschwung erlebte Füssen im Zuge der Industrialisierung, als 1861 die wirtschaftlich sehr erfolgreiche Mechanische Sailerwarenfabrik errichtet wurde, die die Wasserkraft des Lechs nutzte. Infolgedessen bekam Füssen Anschluss an das Eisenbahnnetz. Mit der Öffnung des Schlosses Neuschwanstein für Besucher, sechs Wochen nach dem Tod König Ludwigs II. am 13. Juni 1886, entwickelten sich Füssen und Umgebung schnell zu einer beliebten Tourismusregion.

Die **Touristen-Information** am **Kaiser-Maximilian-Platz** ➡ aE5 ist ein idealer Startpunkt für einen Stadtrundgang durch die Altstadt von Füssen. Hier kann man sich mit zusätzlichen Informationen eindecken oder an einer der regelmäßig stattfindenden Stadtführungen teilnehmen. Direkt vor dem Gebäude der Touristen-Information fällt der Blick unweigerlich auf den **SiebenSteinBrunnen** ➡ aE5 von Christian Meier Tobin, dessen obere Steine sich allein aufgrund des künstlich erzeugten Wasserdrucks drehen. Der Brunnen wurde 1995 errichtet und soll an die 700-jährige Geschichte der Stadt erinnern.

Vom Kaiser-Maximilian-Platz zweigt die **Reichenstraße** ➡ E5 ab, die schon seit Jahrhunderten die zentrale Achse der Stadt bildet und auf den Spuren der *Via Claudia Augusta* verläuft. Ihren Stellenwert als

Reichenstraße: Bummeln und entdecken in der aurofreien Altstadt

Handelsstraße verlor sie mehr oder weniger im Jahre 1975, als sie zur Fußgängerzone umgestaltet wurde. Nun laden zahlreiche Cafés und Restaurants zum Verweilen und elegante Boutiquen zum Einkaufen ein. Gut erhaltene Bürgerhäuser aus der Spätgotik und dem Barock bilden hier eine harmonische Einheit, und auch die kleine **Krippkirche St. Nikolaus** ➡ aE5 in der Reichenstraße 3 fügt sich übergangslos in die Reihe der meist zweistöckigen Häuser ein. Sie wurde im Jahr 1717 im Auftrag der Franziskaner als Nachfolgebau eines Oratoriums der Jesuiten von Johann Jakob Herkomer errichtet (und nach dessen Tod durch seinen Neffen Johann Georg Fischer beendet). Ein Besuch des Innenraums lohnt sich vor allem wegen des Hochaltars aus Stuckmarmor von Dominikus Zimmermann aus Wessobrunn, dem bedeutendsten Stuckaturzentrum Europas im Rokoko. Aufmerksamkeit verdient auch ein Schild am Gebäude in der **Reichenstraße 11** ➡ aE5, in dem derzeit die Kaufhauskette Woolworth ihre Räumlichkeiten hat. Hier stand nämlich ehemals das »Gasthaus zur alten Post«, in dem am 22. April 1745 der Friedensvertrag zwischen Bayern und Österreich unterzeichnet wurde, der das Ende des Österreichischen Erbfolgekrieges besiegelte.

Hausfigur Reichenstraße 11

Die Reichenstraße endet am 1968 errichtete **Stadtbrunnen** ➡ aE5, der dem 1965 abgetragenen neugotischen Magnusbrunnen folgte. Wie sein Vorläufermodell ist auch der Stadtbrunnen dem Heiligen Magnus gewidmet: Der Füssener Bildhauer Alois Vogler erinnert an den bedeutenden Missionar in Form einer aus Epprechtstein-Granit geschlagenen, knapp zweieinhalb Meter hohen Statue, die den Heiligen beim Kampf gegen einen Drachen zeigt.

Nur wenige Schritte weiter gelangt man über die Ritterstraße zum ehemaligen ❶ **Kloster St. Mang** ➡ aE/F5 am Magnusplatz, das zwischen 1696 und 1726 nach Entwürfen von Johann Jakob Herkomer im Zuge der Gegenreformation errichtet wurde. Das gut erhaltene Barockgebäude soll an derselben Stelle stehen, an der die Mönchszelle des Einsiedlers Magnus gestanden hat. Jahrhundertelang war es Sitz des Benediktinerordens, bis dieser 1803 durch die Säkularisierung aufgelöst wurde. In den alten Gemäuern residiert heute unter anderem die Stadtverwaltung.

Einen Großteil des Gebäudekomplexes, nämlich den Südtrakt, nimmt seit 1913 das **Museum der Stadt Füssen** ➡ aE5 ein. Zu den Museumsräumen gelangt man über einen Kreuzgang, in dem Ausgrabungen aus der Frühzeit des Klosters zu bestaunen sind. Das Museum widmet sich der Stadtgeschichte, der Geschichte des Klosters St. Mang und der Geschichte der Mechanischen Sailerwarenfabrik, überdies präsentiert es eine Computersimulation des von König Ludwig II.geplanten, aber nie gebauten Schlosses Falkenstein. Vor allem aber

Bibliothek im ehemaligen Benediktinerkloster St. Mang

Geigenbauerwerkstatt im Museum der Stadt Füssen

Die Füssener Lauten- und Geigenbauer

Es kann manchmal schon ein Vorteil sein, wenn eine Stadt an einer wichtigen Handelsstraße liegt und über Ressourcen verfügt, die anderswo gebraucht werden. So verhielt es sich auch ab dem 13. Jahrhundert mit Füssen an der alten Römerstraße *Via Claudia Augusta*, die von Venedig und Ostiglia bis Augsburg und Donauwörth führte. Da in der Umgebung der kleinen Stadt am Lech außer Fichten- und Ahornbäumen auch die für den Instrumentenbau so wichtigen Eibenbäume wuchsen, führte dies beinahe zwangsläufig dazu, dass einige Männer in Füssen damit begannen, Lauten zu konstruieren. Erstmals urkundlich erwähnt wurde dies im Jahre 1436. Weil im Jahre 1562 in Füssen die erste Lautenmacherzunft Europas gegründet wurde, gilt die Stadt als Wiege des gewerbsmäßig betriebenen Lautenbaus in Europa. Und weil die Zunft nicht nur die Regeln für das Ausbildungs- und Meisterprüfungswesen festlegte, sondern gleichzeitig die Anzahl der Meister, die in Füssen tätig sein durften, auf zwanzig beschränkte, waren viele Handwerker gezwungen, auszuwandern. Schon bald eröffneten sie in den damaligen Kulturmetropolen, an bedeutenden Fürstenhöfen und in großen Handelsstädten ihre Werkstätten und dominierten dieses Handwerk fast monopolartig. Viele von ihnen änderten mit der Zeit ihre Namen, und so wurden aus Magnus Lang beispielsweise Magno Longo und aus Matthäus und Georg Seelos die italienischen Namen Matteo und Giorgio Sellas.

Der Dreißigjährige Krieg führte zu einer tiefen Krise des Lautenbaus. Weil jedoch ab dem 17. Jahrhundert Streichinstrumente in Mode kamen, spezialisierten sich Füssener Handwerker immer mehr auf den Bau von Geigen. Dies führte zu einer zweiten Migrationswelle von Geigenmachern, die nun vor allem in Wien ansässig wurden. An die sechzig Füssener Geigenbauer sollen zeitweise in der Kaiserstadt gelebt und gearbeitet haben, unter ihnen auch Franz Geissenhof, der als »Stradivari von Wien« Berühmtheit erlangte.

In der Geigenbauerwerkstatt von Pierre Chaubert in Füssen

Bayerns ältester noch erhaltener Totentanz in der Annakapelle (Museum der Stadt Füssen im Kloster St. Mang)

präsentiert es in hervorragender Weise die **Geschichte des Lauten- und Geigenbaus** in Füssen, der prägend war für die Entwicklung der Stadt am Lech. Seltene Instrumente wie beispielsweise eine Prunkgitarre aus dem Jahr 1640 sind neben einer genauen Beschreibung der historischen Technik des Instrumentenbaus zu sehen. Ein weiteres Highlight ist die **Annakapelle** der vermutlich ersten Klosterkirche des Benediktinerklosters St. Mang. Ihre Besonderheit ist der **Füssener Totentanz** von Jakob Hiebler aus dem Jahre 1602. Er gilt als der älteste seiner Art in ganz Bayern und zählt zu den bedeutenden Monumental-Totentänzen Europas. Die zwanzig filigran gezeichneten Bilder, die alle unter dem Motto *Sagt Ja Sagt Nein Getanzt Muess Sein* stehen, versinnbildlichen die zwanzig Stände vom Papst bis zum Maler, denen gemeinsam ist, dass sie alle ausnahmslos in den Tod gehen müssen. Die Annakapelle ist übrigens auch die ehemalige Grablege der Füssener Äbte und Adeligen, wie unschwer an den zahlreichen Epitaphien und Totenschildern aus dem 16. und 17. Jahrhundert zu erkennen ist.

Nicht zuletzt stehen im Museumsgebäude auch einige gut erhaltene **Barockräume** des Klosters zur Besichtigung offen, wie beispielsweise der reich stuckierte und freskierte Kaisersaal, aber auch die Bibliothek, ein ungewöhnlicher Ovalbau, der in seiner Mitte den Blick nach unten durch eine Öffnung in das Refektorium, den ehemaligen Speisesaal der Mönche, erlaubt.

Verlässt man das Gebäude des ehemaligen Benediktinerklosters und geht ein paar Schritte Richtung Hohes

Einst Klosterkirche der gleichnamigen Benediktinerabtei: die Stadtpfarrkirche St. Mang

Schloss, gelangt man schon bald zur **Stadtpfarrkirche St. Mang** ➡ aF5, einer Basilika, die wie das Kloster zu Beginn des 18. Jahrhunderts von Johann Jakob Herkomer entworfen wurde und Kunstkenner mit ihrer stilistischen Geschlossenheit überzeugen wird. So zeigt sich die Kirche noch heute als ein homogenes Werk aus dem Barock mit deutlichen oberitalienischen Einflüssen. Beim genaueren Hinsehen erkennt man jedoch, dass das Gebäude eine weitaus längere Geschichte aufweist. So lässt sich an dieser Stelle eine erste Bautätigkeit schon im 8. und 9. Jahrhundert feststellen, als die bis heute erhaltene und für Besucher zugängliche Magnus-Krypta errichtet wurde. Im 11. Jahrhundert entstand dann eine Basilika, die im 13. Jahrhundert verlängert und mit einem Doppelchor ausgestattet wurde. Beim Neubau von Herkomer wurde der mittelalterliche Grundriss erhalten, auch den Turm aus dem 12. Jahrhundert hat er – nur wenig modifiziert – integriert. Im Kircheninnern sind unter anderem die zahlreichen Stuckaturen sowie die Deckenfresken sehenswert.

Von der Basilika führt ein schmaler Weg hinauf zum **Hohen Schloss** ➡ aE5, das auf einem Hügel über der Stadt thront und 1269 von Herzog Ludwig von Bayern erbaut wurde, bevor es wenige Jahre später in den Besitz der Augsburger Bischöfe überging. Bei einem groß angelegten Umbau und einer Erweiterung zu einem repräsentativen Burgschloss zwischen 1489 und 1504, der im Auftrag des Bischofs Friedrich II. von Zollern erfolgte, wurden zahlreiche Illusionsmalereien auf den Fassaden im Innenhof hinzugefügt. Sie stammen vom Freskenmaler Fidelis Eichele aus Hechingen und täuschen dem Auge Erker, Türmchen und andere Gestaltungselemente vor. Das Hohe Schloss diente die meiste Zeit sowohl als Pflegeamt als auch als Sommerresidenz für die Augsburger Fürstbischöfe, bevor es im Zuge der Säkularisation dem Königreich Bayern zugesprochen und ab 1862/63 als Amtsgericht genutzt wurde. Heute beherbergt es das Finanzamt und zwei Kunstausstellungen.

Illusionsmalereien an den Hoffassaden des Hohen Schlosses

Die **Staatsgalerie im Hohen Schloss** ist eigentlich die Filialgalerie der Bayrischen Staatsgemäldesammlungen und hat ihren Sitz in den ehemaligen fürstbischöflichen Residenzräumen. Sie präsentiert vor allem Werke bayrischer und schwäbischer Maler aus dem 15. und 16. Jahrhundert, unter anderem ein seltenes Glasgemälde von Hans Holbein d. Ä. Besonders sehenswert ist auch die prachtvoll geschnitzte Kassettendecke im Rittersaal. Im selben Gebäude widmet sich die **Städtische Gemäldegalerie** Werken des 19. Jahrhunderts, insbesondere denen der »Münchner Malschule«, wozu auch das Gemälde »Die Wache« von Carl Spitzweg zählt.

Blick auf den Uhrturm des Hohen Schlosses in Füssen

Über die Staatsgalerie erreicht man den **Wehrgang**, von dem aus man im Torturm bis ins sechste Stockwerk hinaufsteigen kann. Dort, im **Türmerzimmer**, bietet sich dem Betrachter ein fantastischer Ausblick auf die Stadt und das umliegende Füssener Land. Ebenso besichtigt werden können der **Uhrturm** sowie der Fallturm, der einst als Verlies diente. Einen kurzen Besuch wert ist auch die spätgotische **Veitskapelle** ➡ aE5, die als höchstgelegene Schlosskapelle Deutschlands gilt und die im Inneren vom Wessobrunner Stuckateur Johann Schmuzer ausgestattet wurde.

Nach dem Besuch des Hohen Schlosses führt der Weg wieder am Kloster St. Mang vorbei, wo nicht weit ent-

Mittelalterliches Gassengewirr

Altstadt und Hohes Schloss in Füssen

Füssen, Bayern

Die Aussicht könnte nicht besser sein. Vom Uhrturm des Hohen Schlosses blickt man auf die Häusergiebel der Altstadt Füssens. Die »romantische Seele Bayerns«, wie sich Füssen selbst nennt, zeigt sich von ihrer schönsten Seite: mittelalterliches Gassengewirr, Überreste alter Stadtmauern und reich geschmückte barocke Kirchenbauten am Ufer des Lechs. Bis zum Forggensee reicht von hier aus die Sicht.

Das Hohe Schloss, auf einem Hügel gebaut, thront von allen Seiten gut sichtbar über der Stadt. Ende des 13. Jahrhunderts hatte Ludwig der Strenge von Bayern mit dem Bau der Burg begonnen. Im 15. Jahrhundert wurde sie grundlegend umgestaltet zu einer der bedeutendsten spätgotischen Schlossanlagen Deutschlands mit einem romantischen Innenhof und spätmittelalterlicher Fassadenmalerei. Vierzehnmal war Kaiser Maximilian zu Besuch. Der prunkvolle Rittersaal mit geschnitzter, in Blau, Rot und Silber gefasster Kassettendecke von Jörg Lederer diente früher als Festsaal. Heute werden hier Gemälde und Skulpturen der Staatsgalerie und der Städtischen Galerie Füssen präsentiert.

Direkt unterhalb der Burg erhebt sich die prachtvolle Barockanlage des einstigen Benediktinerklosters St. Mang. Seine Geschichte reicht bis ins 8. Jahrhundert zurück, als der heilige Magnus als Missionar hier eine Mönchszelle gründete. Neben der barocken Basilika ist vor allem das Museum der Stadt Füssen einen Abstecher wert. Der Besucher wird in die Welt des bayerischen Barock mit seiner überschäumenden Lust an Üppigkeit entführt.

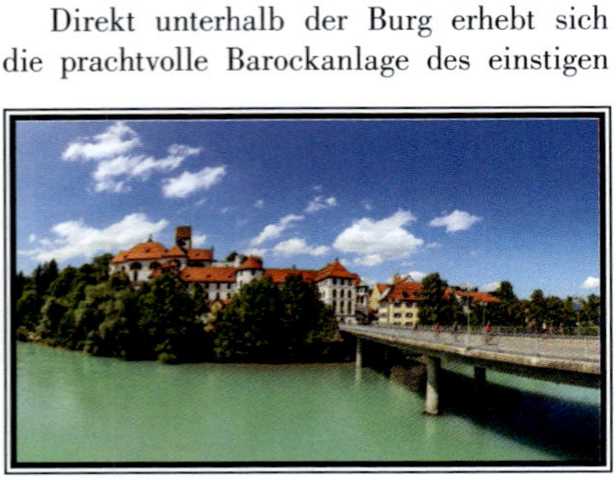

Majestätisch thront das Hohe Schloss über Füssens Altstadt.

Der verträumte Charme der autofreien Altstadt lädt nicht nur zu Entdeckungsreisen in die Vergangenheit ein, sondern auch zu einem Einkaufsbummel. Die alten Handelsplätze am Kornhaus und am Brotmarkt mit zahlreichen Straßencafés sind immer noch geschäftige Treffpunkte. Und in Füssen liegen Kultur und Natur nah beieinander. Es sind kurze Wege in die Ruhe des Faulenbacher Tals, zum Forggensee und zu den weltberühmten Schlössern Neuschwanstein und Hohenschwangau.

Direkt vor den Toren der Stadt ist man im Walderlebniszentrum Ziegelwies der Natur ganz nah, z. B. beim Spaziergang auf dem Baumkronenweg in 21 Metern Höhe.

Info: Füssen liegt 100 km südlich von Augsburg bzw. 40 km südöstlich von Kempten. **Info Füssen:** Füssen Tourismus und Marketing, Kaiser-Maximilian-Platz 1, 87629 Füssen, Tel. (083 62) 938 50, www.fuessen.de. **Info Hohes Schloss:** Magnusplatz 10, Füssen, Öffnungszeiten April–Okt. Di–So 11–17, Nov.–März Fr–So 13–16 Uhr, Eintritt € 6, ermäßigt € 4. **Info St. Mang:** Lechhalde 3, Füssen, Tel. (083 62) 938 50.

fernt die kleine **Heilig-Geist Spitalkirche** ➡ aF5 eine nähere Betrachtung verdient. Die großen Fresken auf der roten Rokokofassade sollen den Heiligen Florian und Patron der Flößer, den Heiligen Christophorus darstellen. Noch etwas weiter gelangt man zur Brücke über den Lech. Hier führt der hübsch angelegte **Lechuferweg** bis zum Forggensee beziehungsweise bis Faulenbach in die andere Richtung. Schon nach wenigen Metern erreicht er das **Bleichertörle** ➡ aE6, durch das früher die Bleicher gehen mussten, um bei der Stadtbleiche ihre Leinentücher zu bleichen.

Von hier aus – über eine schmale Gasse zu erreichen – ist es nicht mehr weit bis zum hoch aufragenden **Franziskanerkloster** ➡ aE6, von dem aus man eine wunderschönen Blick auf die Altstadt von Füssen mit dem Hohen Schloss, auf den Lech und die hügelige Landschaft hat. Das weißgestrichene Kloster wurde 1628 errichtet und ist heute ein bevorzugter Ort für ältere Ordensbrüder, die hier ihren Lebensabend verbringen. Im Januar 2013 zerstörte ein Feuer einen Teil der Anlage. Dabei kam tragischerweise auch ein 100-jähriger Franziskanermönch ums Leben. Originell ist ein Schild neben der Klosterkirche St. Stephan, das auf das Ende der von Würzburg kommenden Romantischen Straße hinweist.

Sehr idyllisch mit seinen ungeordneten, historischen Grabmälern zwischen alten Laub- und Nadelbäumen präsentiert sich auch der **Sebastiansfriedhof** ➡ aE6 mit der gleichnamigen Kirche St. Sebastian, einem spätgotischem Bau, der im 18. Jahrhundert barockisiert wurde.

Mit einer roten Rokokofassade: die Füssener Heilig-Geist Spitalkirche

Franziskanerkloster am Lech in Füssen

Mittelalterliche Landschaften, stärkende Weine und ein zauberhaftes Gasthaus

Die Romantische Strasse von Würzburg nach Füssen

Bayern

Die 400 Kilometer lange Romantische Straße führt von Würzburg gen Süden nach Füssen an der österreichischen Grenze. Den Namen verdient sie vor allem aufgrund der vielen mittelalterlichen Städte, Dörfer und Schlösser entlang ihrer Strecke und weniger wegen der landschaftlichen Umgebung. Besucher, die sie in nur einem Tag abfahren, verpassen etwas: Die Städte an dieser Straße muss man in Ruhe genießen.

Das mittelalterliche Rothenburg ob der Tauber ist einer der Punkte entlang der Romantischen Straße.

Den Auftakt sollte ein Besuch der Stadt Würzburg mit ihrer prachtvollen barocken Residenz bilden. Reichtum und Genialität führten zu ihrer Entstehung, als 1720 der Architekt Balthasar Neumann von den mächtigen Fürstbischöfen mit dem Bau beauftragt wurde. Bei Eintritt in die Residenz erinnert ein monumentales Deckengemälde nicht gerade dezent daran, dass man sich in einem der kostspieligsten Bauten Europas befindet. Erholung bietet eine Kostprobe des örtlichen Weißweins in der gemütlichen Weinstube im Keller der Residenz, bevor es nach Rothenburg ob der Tauber weitergeht.

Die besterhaltene mittelalterliche Stadt Europas ist zwar eine Touristenfalle, doch das verwundert nicht – mit schiefen Fachwerkhäusern, Gassen aus Kopfsteinpflaster, einer über eineinhalb Kilometer langen, begehbaren Stadtmauer und einem Rathaus aus dem 13. Jahrhundert. Geschichte und Schönheit der Stadt spiegeln sich im »Hotel Eisenhut« wider. Die Eingangshalle, in der Überreste einer Kapelle aus dem 12. Jahrhundert zu sehen sind, beeindruckt. Das Gasthaus wird vom Urenkel der ursprünglichen Besitzer betrieben, die 1876 erstmals Zimmer vermieteten. Das heutige Hotel besteht aus vier Patrizierhäusern am Marktplatz. Der dreistöckige, mit Galerien versehene Speisesaal ist eine der besten Adressen in der Stadt, zumindest bis es draußen warm wird und alles auf die Hotelterrasse an der Tauber strömt. Dies ist die vorzüglichste Unterkunft an der Romantischen Straße.

Am nächsten Tag lautet das Ziel Dinkelsbühl, eine weniger touristische Variante von Rothenburg. Seien Sie rechtzeitig in Nördlingen, um den Ruf des Türmers vom Kirchturm zu hören, und besuchen Sie Deutschlands schönstes Beispiel der Rokokoarchitektur: die Wieskirche, die allein auf einer Bergwiese steht. Krönender Abschluss ist der Besuch der beiden Schlösser des »Märchenkönigs« Ludwig II. – Hohenschwangau und Neuschwanstein – am südlichen Ende der Romantischen Straße.

Info: Start in Würzburg, 116 km südöstlich von Frankfurt/Main. **Info Romantische Strasse:** www.romantischestrasse.de. **Info Hotel Eisenhut:** Herrngasse 3–5, 91541 Rothenburg ob der Tauber, Tel. (098 61) 70 50, www.eisenhut.com. Preise auf Anfrage.

Schrannenplatz in Füssen

Der Friedhof grenzt direkt an Reste der alten **Stadtmauer**, die ursprünglich 1302 angelegt, 1502 erweitert und schließlich 1812 wieder abgetragen wurde. Ein restaurierter Abschnitt zwischen Friedhof und Kloster mit Satteldach, Wehrgang und Pulverturm erinnert an die alte Befestigungsanlage.

Geht man auf dem Pfarrgäßle wieder zurück in Richtung Altstadt, gelangt man bald zum **Brotmarkt** ➡ aE5 mit dem **Lautenmacherbrunnen**, dessen Bronzefigur von Joseph Michael Neustifter erschaffen wurde und an Caspar Tieffenbrucker (1514–71) aus Tiefenbruck bei Roßhaupten erinnern soll. Aus dessen Familie stammten die bekanntesten Lautenmacher Europas im 16. Jahrhundert. Auch heute noch betreiben mehrere Geigenbauer ihre Werkstätten zwischen Brotmarkt und Schrannengasse. Etwas weiter erhebt sich in der Brunnengasse das ehemalige **Wohnhaus von Anton Sturm** (Nr. 18) ➡ aE5, von einem der bedeutendsten Barockbildhauer Süddeutschlands (1690–1757). Er schuf nicht nur das hübsche Sandsteinrelief über dem Hauseingang, sondern auch Werke in der Stadtpfarrkirche St. Mang und in der Benediktinerabtei Ottobeuren. Sehenswert ist auch das alte **Kornhaus am Schrannenplatz** ➡ aE5, dem einstigen Kornmarkt der Stadt. Das spätgotische, 1483 erbaute Gebäude mit rot-weißen Fensterläden diente lange Zeit als Handelsplatz für Getreide. Heute wird es als Markthalle genutzt, in der man nicht nur gut speisen, sondern auch Feinkost aus aller Welt einkaufen kann.

Kalvarienberg und Lechfall

Nicht entgehen lassen sollte man sich beim Besuch der Stadt Füssen einen Spaziergang auf den 953 Meter hohen **Kalvarienberg** ➡ aF/G6, den man über einen gut ausgeschilderten Weg erklimmt. Die Mühen des Aufstiegs werden mit einer wunderbaren Aussicht auf Füssen, auf die umliegenden Seen, den Säuling und auf die Königsschlösser belohnt. Auch König Ludwig II. soll mehrmals auf dem Kalvarienberg gewesen sein, das letzte Mal am Karfreitag in seinem Todesjahr 1886. Der Weg dorthin führt an der Heilig-Geist Spitalkirche vorbei über die Lechbrücke, dann nach rechts auf die Tiroler Straße Richtung Reutte, bis es kurz darauf bei der kleinen Kirche **Zu unserer lieben Frauen** nach links geht.

Auf dem Rückweg lohnt sich unbedingt ein Abstecher zum **Lechfall** ➡ aF/G4, wo sich der Fluss beim **König-Max-Steg** ein letztes Mal durch eine enge Klamm zwängt, um sich dann in eindrucksvoller Weise, nämlich über fünf Stufen, ungefähr zwölf Meter in die Tiefe zu

Zum letzten Mal zwängt sich der Lech durch eine enge Klamm: der Lechfall bei Füssen

stürzen, bevor er in den Forggensee fließt. Der Lechfall ist natürlichen Ursprungs und wurde über Jahrtausende in den Fels gegraben, denn schon gegen Ende der letzten Eiszeit ergoss sich an dieser Stelle ein Gletscher ins Tal und bildete einen See, der den gesamten Pfrontener Talboden bedeckte.

Bad Faulenbach

Als bedeutender Kurort ist der Ortsteil **Bad Faulenbach** ➡ aE3 mit Schwefelquellen und Moorbädern bekannt. Das »Tal der Sinne«, wie es von Touristikern auch gerne genannt wird, ist zu Fuß nur über den Lechuferweg und mit dem Auto nur über die Felsenge Morisse zu erreichen. Das ruhige, grüne Tal erstreckt sich gleich an mehreren kleineren Seen und ist für seine zahlreichen Angebote im Bereich des Gesundheitstourismus bekannt. In der idyllischen Parklandschaft kann man wunderbar die Seele baumeln lassen und bis zum legendenumwobenen Alatsee spazieren gehen. ■

Wiedemannweiher im Ortsteil Bad Faulenbach

Service-Informationen Füssen

Tourist Information ➡ aE5
Kaiser-Maximilian-Platz 1, 87629 Füssen
✆ (083 62) 938 50, www.fuessen.de
Mo–Fr 9–17, Sa 9.30–13.30 Uhr

Füssen-Express ➡ aD5
✆ (0177) 499 88 75
Mitte Mai–Mitte Okt. Mo–Sa stündlich ab Bhf. 11.15–16.15, Bootshafen Forggensee bereits ab 10.25, Ankunft am Bhf. 11.15, letzte Fahrt um 17.15 Uhr
Eine Rundfahrt mit dem Füssen-Express ist eine bequeme Art, die Stadt und ihre Umgebung kennenzulernen. Die »Lok auf Rädern« mit ihren Waggons startet am Bahnhof und fährt über die Haltestellen Bootshafen Forggensee, Musical-Theater, Stadtbrunnen, Morisse (Parkplatz P3), Bad Faulenbach und zurück. Man kann überall ein- und aussteigen, die komplette Rundfahrt dauert etwa eine Stunde.

Staatsgalerie im Hohen Schloss und Städtische Gemäldegalerie ➡ aE5
Magnusplatz 10, Füssen
✆ (083 62) 90 31 46 und (083 62) 94 01 62 (Kasse)
www.stadt-fuessen.de
April–Okt. tägl. außer Mo 11–17, Nov.–März Fr–So 13–16 Uhr, Eintritt € 6/4 (Kombiticket mit Museum Kloster St. Mang € 7)

Rittersaal in der Filialgalerie der Bayerischen Staatsgemäldesammlungen

Das Museum der Stadt Füssen im Südtrakt von Kloster St. Mang

Zwei Gemäldesammlungen befinden sich in den ehemaligen fürstbischöflichen Residenzräumen, sie haben ihre Schwerpunkte im 15./16. und 19. Jh.

1 Kloster St. Mang/Museum der Stadt Füssen
➡ aE/F5
Lechhalde 3 (Eingang durch den Klosterhof), Füssen
✆ (083 62) 90 31 46, www.stadt-fuessen.de
April–Okt. tägl. außer Mo 11–17, Nov.–März Fr–So 13–16 Uhr, Eintritt € 6/4 (Kombiticket mit Museen im Hohen Schloss € 7)
1696–1726 errichtetes Barockgebäude, dessen Südtrakt das Stadtmuseum einnimmt.

Il Pescatore ➡ aE5
Franziskanergasse 13, Füssen
✆ (083 62) 92 43 43, www.ilpescatore-fuessen.de
Sommer tägl. 11–23, Winter Do 17.30–22, Fr–Di 11.30–14 und 17–22 Uhr
Dieses kleine, aber feine Restaurant in einer Seitengasse erfreut sich großer Beliebtheit wegen seiner Nudelgerichte und Fischspeisen. Im Sommer kann man auch draußen sitzen. Reservierung empfohlen. €€

Chapeau ➡ aE5
Brunnenstr. 20, Füssen
✆ (083 62) 819 77 77
Mo–Do 12–15, 18–23, Fr, Sa 12–15 und 18–1 Uhr
https://chapeau-fuessen.de

Bürgerhäuser in der Lechhalde

Café, Bar und Restaurant mit eher kühler, aber stilvoller Einrichtung, manchmal gibt es Veranstaltungen. Deutsche, italienische und orientalische Küche, auch glutenfreie und vegane Gerichte. €€

Madame Plüsch ➡ aE5
Drehergasse 48, Füssen
✆ (083 62) 930 09 49, www.madame-pluesch.de
Tägl. 11–23 Uhr (Küche bis 21.30 Uhr)
Nostalgisch eingerichtetes und familiengeführtes Restaurant im Herzen der Altstadt mit antiken Möbeln und historischen Bildern. Auf der Speisekarte beruft man sich auf Omas Kochkünste, die von Suppen bis zum Schnitzel reichen. Süßes wie Kaiserschmarrn gibt's natürlich auch. €€

Stadtcafé Würkert ➡ aE5
Reichenstr. 5, Füssen
✆ (083 62) 61 70, www.stadtcafe-fuessen.de
Mo–Sa 8.30–18.30, So 13–18 Uhr
Traditionsreiche Konditorei in der Fußgängerzone mit großer Kuchen-, Torten- und Pralinenauswahl, deren Café im ersten Stock beinahe an ein Wiener Kaffeehaus erinnert. Spezialität des Hauses sind der Original Füssener Christstollen und Mandelflans, ein Gebäck aus Zucker, Mandeln, Sahne, Glukose und Erdnussfett.

Eisenschmidt ➡ aE5
Augsburgerstr. 4, Füssen
✆ (083 62) 94 14 55
Tägl. 10–14 und 17–24 Uhr
www.facebook.com/EisenschmidtFuessen/info
In der Bistro-Bar direkt neben der Touristen-Information erhält man zu fairen Preisen gute Pizza, Salate und Nudelgerichte. Darüber hinaus werden alle wichtigen Fußballspiele, die auf Sky laufen, gezeigt. €

Sonnenuhr an der Fassade des Hohen Schlosses

Instrumentenbauwerkstatt ➡ aE5
Schrannengasse 12, Füssen
✆ (083 62) 92 10 86, www.urs-langenbacher.de
Termine nur nach Absprache
In dieser renommierten Gemeinschaftswerkstatt von Pierre Chaubert, Stephan Fürst und Urs Langenbacher werden sowohl Streich- als auch Zupfinstrumente hergestellt und repariert.

Trachten-Werner ➡ aE5
Reichenstr. 26, Füssen
✆ (083 62) 50 53 54, www.trachten-werner.de
Mo–Fr 9–18, Sa 9–16 Uhr
Mit über 500 m² Fläche ist diese Filiale die größte des renommierten Trachtenhändlers, der auch über einen Online-Shop verfügt.

Füssener Einkaufsstraße im Dezember

Trachten-Wolf ➡ aE5
Reichenstr. 32, Füssen
✆ (083 62) 51 09, www.trachtenwolf.de
Mo–Fr 10–18, Sa 10–16 Uhr
Nicht weit von Trachten-Werner präsentiert Trachten-Wolf auf drei Etagen seine Schmuckstücke.

Unikat ➡ aE5
Magnusplatz 4, Füssen
✆ (083 62) 50 98 80, www.unikat-reichle.de
Mo–Fr 10–13 und 14–17, Sa 10–14 Uhr, Mi geschlossen
Das Geschäft von Hildegard Reichle liegt gegenüber dem Kloster St. Mang. Sie verkauft hier ihren ungewöhnlichen Schmuck und noch ungewöhnlichere Objekte, z. B. Kunstwerke aus original Lech-Holz.

Festival »vielsaitig«
www.stadt-fuessen.de
Jeweils Ende August/Anfang September lädt das Festival »vielsaitig« zu Konzerten, Lesungen, Vorträgen und Workshops ein, die sich auf die Geschichte Füssens als Metropole des Lauten- und Geigenbaus beziehen.

Festspielhaus ➡ nördl. aA6
Im See 1, Füssen
✆ (083 62) 507 70, www.das-festspielhaus.de
Das Festspielhaus am Ufer des Forggensees wurde zwischen 1998 und 2000 speziell für die weltweit beachtete Uraufführung des Musicals »Ludwig II. – Sehnsucht

Für das Fackelschwimmen zu Neujahr braucht man ein dickes Fell

Festspielhaus am Forggenseeufer

nach dem Paradies« erbaut. Obwohl die Inszenierung immerhin über 1,5 Mio. Zuschauer sahen, musste sie Ende 2003 aus wirtschaftlichen Gründen abgesetzt werden. 2016 wurde das Haus von einem Investorenteam gekauft und im April 2017 als »Ludwigs Festspielhaus« wiedereröffnet. Seitdem wird es wieder regelmäßig bespielt, unter anderem mit dem Musical »Ludwig²«. Von seiner Terrasse hat man eine wunderbare Aussicht auf Schloss Neuschwanstein. Zum Gebäudekomplex gehört auch ein Barockgarten an der Seeseite.

Füssener Stadtfest

Das Füssener Stadtfest findet regelmäßig an zwei Tagen Mitte August statt und die gesamte Altstadt wird zur Open-Air Festmeile mit Live-Musik.

Neujahrsfackelschwimmen

Sehr eindrucksvoll ist das Neujahrsfackelschwimmen, wenn bei Anbruch der Dämmerung Rettungsschwimmer in den Lech steigen, sich an der Füssener Altstadt vorbei treiben lassen und den Zuschauern ein gutes Neues Jahr wünschen.

Kaisersaalkonzerte

www.stadt-fuessen.de

Seit 1951 finden zwischen Mai und August im barocken Kaisersaal des Klosters St. Mang zahlreiche Konzerte statt. Das Programm reicht von Klassik über Jazz bis hin zur Weltmusik. ■

Hündle zur Krokusblüte: Spektakuläres Naturschauspiel

Am Hündlekopf bei Oberstaufen ereignet sich jedes Jahr im Frühling ein ganz besonderes Naturschauspiel: Sobald der letzte Schnee geschmolzen ist und die ersten Sonnenstrahlen auf die Wiesen treffen, dauert es nur noch wenige Tage, bis die ersten Wildkrokusse ihre Köpfchen aus dem Boden strecken und die grünen Wiesen in ein wahres Blütenmeer verwandeln. Insgesamt warten am Hündlekopf um die 20 Hektar an lilafarbenen, blauen und weißen Wildkrokussen auf naturverbundene Besucher.

Wer im Frühling ins Allgäu kommt, darf sich dieses Naturspektakel auf gar keinen Fall entgehen lassen. Nicht nur sind die kleinen Krokusse am Hündlekopf wunderschön anzusehen, sie bieten auch einen wunderschönen Rahmen für die tolle Aussicht, die jeder Besucher vom Hündlekopf hat. Von hier oben kann man bei gutem Wetter bis zum Allgäuer Alpsee und auch noch weiter darüber hinaus auf die Allgäuer Alpen schauen.

Krokusblüte im Frühling

REISEBLOG
Allgäu

Zur Krokusblüte kommt man auf mehreren Wegen. Am einfachsten ist es, die Hündlebahn zu nehmen und bis auf ca. 1100 Meter zum Hündlekopf hinaufzufahren. Von der Bergstation der Bergbahn geht es dann in etwa 20 Minuten zu Fuß weiter bis zu den ersten Krokusfeldern. Alternativ kann man den Besuch natürlich auch mit einer kleineren oder größeren Wanderung verbinden. Entweder wandert man in ca. 45 Minuten auf direktem Weg vom Parkplatz hoch zur Bergstation oder man entscheidet sich für den längeren Weg und wandert über Buchenegg und die Sennalpe Bärenschwand hinauf zum Hündle. Die längere Tour ist eindeutig die Schönere.

Egal wie man zum Hündlekopf gelangt, es lohnt sich auf jeden Fall von dort eine kleine Weile weiter zu wandern. An den ersten Krokusfeldern vorbei und damit auch vorbei an den großen Menschenmassen, die man zu dieser Zeit unweigerlich hier trifft. Ein paar Hundert Meter weiter findet man genauso schöne Krokusse in genauso toller Umgebung, ist aber fast allein mit ihnen, was den Besuch umso schöner macht.

Wann die Krokusblüte genau zu erleben ist, ändert sich abhängig von der Wetterlage und der Schneeschmelze von Jahr zu Jahr.

Auf der Webseite vom Hündle gibt es einen Krokusticker. Um Enttäuschungen zu vermeiden, kann man auf der Seite schauen, wie der aktuelle Blütenstand ist.

Hündle GmbH & Co. KG ➡ G5
Hinterstaufen 10, 87534 Oberstaufen
✆ (083 86) 27 20, http://huendle.eu/

Alpe Sonnhalde und Wanderung zu den Buchenegger Wasserfällen: Beste Einkehr im Allgäu

Wer es beim Wandern abwechslungsreich mag und eine richtig gute Einkehr liebt, der ist bei der Wanderung zu den Buchenegger Wasserfällen mit Einkehr in der Alpe Sonnhalte genau richtig.

Die Alpe Sonnhalde ist eine ganz besondere Alpe und bietet die beste Einkehr im ganzen Allgäu. In den 1990er Jahren war unklar, ob das auch weiterhin so bleiben sollte. Jakl Köhler, langjähriger Hirt und Senn

Einkehr mit Tradition: Alpe Sonnhalde

Tipp: Wer das Glück hat, bei seinem Besuch der Alpe Sonnhalde auf Jakl Köhler zu treffen, sollte sich unbedingt mit ihm unterhalten. Er ist ein absolutes Unikat.

auf der Alpe Sonnhalde, musste damals immer wieder erleben, dass landwirtschaftlich wertvolle Objekte wie die Alpe Sonnhalde zu Spekulationsobjekten wurden und damit eine Nutzungsänderung in Kraft trat. Dadurch war die Kulturlandschaft, die seit Jahrhunderten im Allgäu gepflegt wurde, in Gefahr. Köhler, der selbst aus einem alten Allgäuer Bauern- und Handwerksgeschlecht stammt, wollte das nicht länger mit ansehen und suchte nach Wegen, die Alpe Sonnhalde zu retten, um sie so zu erhalten, wie sie war.

1993 gründete er den Verein zum Erhalt Allgäuer Kulturlandschaften, um die Alpe Sonnhalde zu erhalten. Dafür ließ er sich ein tolles Konzept einfallen: Käse statt Zinsen. Wer hier sein Geld investiert, erhält am Ende keine Zinsen in Form von Geld auf seinem Konto, sondern die Zinsen in Form von Käse oder anderen Produkten, die auf der Alpe produziert werden. So können Investoren erleben, wie Ihre Geldanlagen »Früchte« tragen.

Eingebettet zwischen Bergen im Mittelbachtal bei Oberstaufen umfasst sie eine Fläche von 58 Hektar bestehend aus Wiesen und Wäldern. Auch Baumpatenschaften ermöglicht der Verein und forstet dadurch regelmäßig die eigenen Wälder wieder auf. Diverse Tiere leben ab Anfang April auf der Alpe Sonnhalde: Ziegen, Esel, Hühner, Enten, Hasen und Schweine. Im Juni kommen noch Kühe und Jungvieh von verschiedenen Bauern auf die Alpfläche.

Die Alpe wird seit 1989 nach den Demeter-Richtlinien bewirtschaftet. Sie verfügt über eine vollbiologische Pflanzenkläranlage, die für sauberes Abwasser aus der Käserei und dem restlichen Betrieb sorgt.

Die Speisekarte der Alpe Sonnhalde ist nicht riesig, dafür aber qualitativ hochwertig. Alle Milchprodukte stammen aus eigener Herstellung. Auf der Alpe werden

REISEBLOG
Allgäu

mit Liebe zubereitete Brotzeiten serviert. Die wohl bekannteste Spezialität ist der gebackene Ziegenkäse mit Röstkartoffeln, die wirklich jedes Genusswanderherz zum Schmelzen bringen.

Der Besuch der Alpe lässt sich prima mit diversen Wanderungen verbinden, so dass man sich die Einkehr richtig verdient hat. Man kann vom Parkplatz der Hündle-Bergbahn über das Hündle und die Moosalpe (Fußweg nach Steibis) zur Alpe Sonnhalde wandern oder einen Abstecher zu den Buchenegger Wasserfällen machen. Ausgangspunkt für diese Wanderung ist ein kleiner Parkplatz am Gasthaus Hirsch (Am Giebel 7, 87534 Oberstaufen-Steibis) kurz hinter Steibis. Nach einer kurzen Wanderung über grüne Wiesen beginnt der Abstieg zum Fuße des Wasserfalls. Hier geht es recht steil bergab, der Weg ist aber gut ausgebaut und sehr gut befestigt, so dass man problemlos hinunterkommt. Unten angekommen hört man bereits das Rauschen und Tosen des Wasserfalls, der nur noch eine Wegbiegung entfernt ist. Nach dem Besuch des Wasserfalls wird der daraus entstehende Bachlauf über eine Brücke überquert und dort beginnt auch direkt wieder der Anstieg. Oben angekommen verläuft die Wanderung durch eine sanfte Hügellandschaft über Wald- und Wiesenwege bis zur Alpe Sonnhalde. Nach der Einkehr kommt man in Richtung Steibis zurück zum Ausgangspunkt.

Tipp: An warmen Sommertagen sollte man auf jeden Fall seine Badesachen mitbringen und das kühle Nass genießen.

Demeter Senn-Alpe Sonnhalde ➜ G5
87534 Oberstaufen
✆ (083 25) 640, www.alpe-sonnhalde.de
Geöffnet tägl. 1. April–31. Okt.

Unscheinbar und sehr idyllisch kommen die Buchenegger Wasserfälle daher

Schrecksee:
Schönster Bergsee im Allgäu

Tipp: Wer hier im Sommer hochkommt, sollte auf jeden Fall die Badesachen nicht vergessen.

Der Schrecksee bei Bad Hindelang ist der schönste Bergsee der gesamten Allgäuer Alpen. Er befindet sich auf einer Höhe von 1813 Metern und ist nur zu Fuß zu erreichen. Eingebettet in saftig grüne Wiesen erschafft er mit seinem türkisblauen Wasser und der grünen Insel mitten im See eine wohlige und gemütliche Stimmung. Dabei ist der See von den rauen und steinigen Gipfeln umgeben, die das Bergpanorama komplett machen. Im Osten wird er durch den Knappenkopf, dem Kirchendach und der Kälblespitze begrenzt, im Süden durch den Kastenkopf und den Lahnerkopf und im Westen durch den Älpelekopf. In den 1950er Jahren wurde der Schrecksee um acht Meter aufgestaut, sodass aus einer ursprünglichen Halbinsel die heutige kleine Insel im See entstand.

Der See ist nicht nur schön anzusehen, er lädt auch zu einer kleinen Abkühlung nach einer durchaus anstrengenden Wanderung ein. Wer dann noch Lust hat, kann sich auch noch an einen letzten kleinen Anstieg rauf auf die Lahnerscharte wagen und erhält hier nochmal einen ganz anderen Ausblick auf den See und das Bergpanorama.

Los geht es in Bad Hindelang. Entweder wandert man direkt von hier los oder nimmt, zumindest für die ersten Meter einen Bus, der vom Wanderparkplatz in

Nahezu unberührt liegt der Schrecksee auf über 1800 m Höhe

Hinterstein zum Elektrizitätswerk führt. Der Startpunkt der Wanderung liegt inmitten des Naturschutzgebietes Allgäuer Hochalpen, welches für den öffentlichen Verkehr gesperrt ist. Deshalb werden nur schadstoffarme Busse eingesetzt, die Wanderer zum Ausgangspunkt der Wanderung befördern.

Von dort geht es 300 Höhenmeter steil bergauf. Teils durch den Wald, teils aber auch über freie Flächen, die einen wunderschönen Blick auf die umliegenden Berge freigeben. Nach den ersten 300 Höhenmetern erhält man eine kleine Verschnaufpause, denn für eine Weile geht es nun auf einer Hochebene relativ eben voran. Dort erwartet die Wanderer Natur pur, denn sie sind umgeben von riesigen Bergen, die schon darauf hindeuten, wie die Wanderung weitergeht. Der nächste Anstieg lässt nicht lange auf sich warten und man wandert geradewegs darauf zu. Der zweite große Anstieg dieser Wanderung hat es richtig in sich. Es geht teils noch steiler als zuvor bergauf und Schatten spendende Bäume sind hier eine absolute Seltenheit. Auf Grund der Höhe wandert man hier hauptsächlich auf Geröll. Nach diesem Anstieg ist es nicht mehr weit und es geht auch leichter voran, denn man wandert nun durch eine grüne Hügellandschaft. Immer wieder geht es bergauf und bergab, es wird aber nicht mehr so steil wie am Anfang. Nach dem Erklimmen einer dieser Hügel ist es dann endlich soweit und der Schrecksee erstreckt sich direkt hinter dem Hügel. Der Rückweg der Wanderung verläuft auf dem gleichen Weg zurück.

Achtung! Campingverbot

In den letzten Jahren machte der Schrecksee des Öfteren Schlagzeilen, weil Wanderer am Schrecksee zelteten, obwohl dies im Naturschutzgebiet nicht erlaubt ist. Die Camper machten dabei nicht nur Lärm, der die Natur störte, sondern sie hinterließen auch jede Menge Müll und verbrannten sogar das Holz von Weidezäunen. Inzwischen führt die Polizei regelmäßig Kontrollen durch und verhängt hohe Bußgelder bei Nichteinhaltung des Campingverbotes.

Parkplatz auf der Höh ➜ G7
Hinterstein, 87541 Bad Hindelang
Geöffnet tägl. 5–21, gebührenpflichtige Parkzeit 8–18 Uhr
Gebührenpflichtiger Parkplatz € 4/Tag

Das Hintersteiner Tal bietet sich für Wanderung an

Willersalpe und die sagenumwobenen wilden Fräulein:
Uriger geht es nicht mehr

Tipp: Der Besuch der Willersalpe eignet sich hervorragend für eine Mehrtageswanderung. Nach einer Übernachtung kann man zum Schrecksee weiterwandern, der in vier Stunden zu erreichen ist.

Wer auf der Suche nach einer richtig authentischen und urigen Alpe im Allgäu ist, der wird bei der Willersalpe in Hinterstein bei Bad Hindelang im Oberallgäu fündig. Hoch oben im Hintersteiner Tal liegt diese alte Sennalpe auf 1465 Metern und ist die einzige Alpe im Allgäu, die noch von Pferden versorgt wird. Neben einer köstlichen Einkehr bietet die Alpe auch 30 Schlafplätze im Matratzenlager.

Die Alpe und deren Betrieb wirken wie aus einer anderen Zeit. Während an anderer Stelle Hütten modernisiert werden, scheint die Willersalpe in der Zeit still zu stehen. Es führt kein Fahrweg und keine Bergbahn, sondern nur ein steiler Wanderweg, der in Hinterstein bei Bad Hindelang startet, zur Alpe. Auch eine Busverbindung von und nach Bad Hindelang steht zur Verfügung.

Bewirtschaftet wird die Alpe von drei Brüdern und ihren Pferden. Viermal die Woche werden mit drei Haflingern im Tal Besorgungen getätigt. Mal eben schnell noch eine Packung Nudeln kaufen? Die Zwiebeln beim Einkauf vergessen? »Mal eben« zum nächs-

REISEBLOG
Allgäu

ten Supermarkt bedeutet hier eine Wanderung über mehrere Stunden und viele Höhenmeter. Die Brüder Christian, Markus und Stefan Bertele bewirtschaften die Willersalpe seit vielen Jahren gemeinsam. Gekauft wurde sie bereits von ihrem Vater Reinhold Bertele. Zur Alpe gehören auch viele Kühe und andere Nutztiere, die im Sommer auf der kleinen Hochebene rund um die Alpe auf saftig grünen Wiesen grasen. Alles, was geht, wird möglichst selbst produziert, denn das erspart den Brüdern und Pferden das mühsame Herauftragen von Waren aus dem Tal. So wird aus der Milch der eigenen Kühe regelmäßig Käse und Butter produziert. Das hat man hier oben schon vor vielen hundert Jahren so gemacht.

Das Leben auf der Willersalpe mag romantisch klingen, bedeutet aber durchaus harte Arbeit. Die Brüder starten ihren Tag meist morgens um fünf oder sechs Uhr und arbeiten dann bis abends um acht. Für Stefan Bertele ist die Arbeit dennoch ein Traumjob, denn er hat sich dafür von Nepalesen und ihren Yaks inspirieren lassen, die, genauso wie er, weit entlegene Dörfer oder Hütten auf dem Fußweg versorgen.

Tipp: Wer beim Wandern Glück hat, trifft Stefan und seine Haflinger auf dem Weg nach oben oder unten.

Eine Wanderung hoch zur Willersalpe kann sehr schweißtreibend sein, denn 600 Höhenmeter müssen auf steilem Wanderweg zurückgelegt werden. Vorbei kommt man dabei auch am Wildfräuleinstein. Eine kleine Tafel am Felsen erzählt die Geschichte über die sogenannten Wilden Fräulein, die hier vor vielen Jahren gelebt haben sollen. Heute finden Wanderer hier eine kleine Höhle in einem großen Felsen mit bizarren Felsformationen. Es lohnt sich, hier kurz anzuhalten und die ungewöhnliche Beschaffenheit der Natur sowie die Aussicht zu genießen.

Parkplatz auf der Höh ➜ G7
Hinterstein, 87541 Bad Hindelang
Geöffnet tägl. 5–21, gebührenpflichtige Parkzeit 8–18 Uhr
Gebührenpflichtiger Parkplatz € 4/Tag

Willersalpe ➜ G8
Markus Bertele, Hinterstein
✆ (01 71) 993 98 47
Geöffnet Mai–Okt.

Bärgunt-Hütte im Bärgunttal: Die schönste Hütte im Kleinwalsertal

Es gibt Wanderungen im Allgäu, die sind das ganze Jahr über toll. Die Wanderung zur Bärgunt-Hütte ist eine davon. Die urige Genusshütte liegt auf 1408 Metern direkt am Fuße des großen Widdersteins und ist die älteste und größte Alpe im ganzen Kleinwalsertal.

Das Kleinwalsertal gehört zwar zum Bezirk Bregenz im österreichischen Bundesland Vorarlberg, aber es ist auch Teil der Allgäuer Alpen und gehört damit im weiteren Sinne zum Allgäu dazu. Die Gemeinde, in der die Bärgunt-Hütte zu finden ist, ist Mittelberg. Der einzige Weg, um ins Kleinwalsertal zu gelangen, führt über Oberstdorf im Allgäu. Die schwierige Erreichbarkeit des Tals hängt mit den hohen Bergen zusammen, die es umgeben.

Gut zu wissen: Das Kleinwalsertal ist nur über Deutschland zugänglich.

Die Wanderung zur Bärgunt-Hütte ist mit nur 156 Höhenmetern und einer Länge von 5,2 Kilometern für jedermann gut zu meistern. Dabei handelt es sich um eine Rundwanderung, bei der man auf der einen Seite des Bärguntbachs und auf dem Rückweg auf der anderen Seite wandert. Die Bärgunt-Hütte befindet sich auf halber Strecke und eignet sich somit wunderbar für eine Einkehr während der Wanderung. Auch im Winter ist sie ein beliebtes Ausflugsziel, denn die Wanderwege

Blick vom Widderstein über das Kleinwalsertal

REISEBLOG
Allgäu

Mit Blick auf's Tal: Katholische Kirche St. Martin in Mittelberg-Baad

werden gut präpariert, sodass einer wunderschönen Winterwanderung durch eine märchenhafte Winterlandschaft nichts im Wege steht. Durch die Nähe zum Bach bilden sich am Wegesrand viele Eiskristalle, die herrlich anzusehen sind.

Trotz der hohen Berge im direkten Umkreis ist die Bärgunt-Hütte sehr sonnig gelegen. Sie wird von Sabine Ott betrieben, die ihre Arbeit mit Herz und Seele macht. Die Küche besteht vorwiegend aus kalten und warmen Brotzeiten, verschiedenen Suppen, Kaffee und Kuchen. Alle Speisen werden in eigener Produktion hergestellt. Die Zutaten kommen entweder aus eigenem Anbau oder von Zulieferern aus der Region. Besonders zu empfehlen sind der Bergkäse sowie der Backsteinkäse, die Sabine Ott auf der Hütte selbst herstellt. Angegliedert an die Alpe ist auch eine Viehalpe mit 200 Tieren, was den Besuch zu einem tollen Erlebnis für Groß und Klein macht.

Tipp: Wer im Winter zur Bärgunt-Hütte unterwegs ist, sollte nicht den Schlitten vergessen, denn rund um die Hütte gibt es viele Rodelgelegenheiten.

Tipp: Unbedingt die hausgemachte Erbsensuppe probieren!

Bärgunt-Hütte ➡ D8
Walserstraße 382
A-6993/D-87569 Mittelberg-Baad, Kleinwalsertal
✆ (+43 64) 311 04 53, www.baergunthuette.de
Geöffnet tägl. (außer bei Lawinengefahr) Dez.–Jan. 10–16, Feb.–April 10–17, im Sommer 10–17 Uhr, im Winter Do Ruhetag

Einen wunderschönen Ausblick über das Allgäu genießt man vom Hauchenberg

Alpkönigblick:
Die schönste Aussicht im Allgäu

Aussichtspunkte gibt es viele im Allgäu. Einer der schönsten ist der Alpkönigblick auf dem Hauchenberg bei Missen-Wilhams.

Der Ausblick ist wirklich königlich, denn in 1250 Metern Höhe wurde genau dafür ein hölzerner Aussichtsturm errichtet, vor dem sich ein fantastisches Alpenpanorama ausbreitet. Es reicht von der Zugspitze über die Allgäuer Alpen, die Nagelfluhkette bis hin zum Säntis in der Schweiz. Zudem kann man vom Alpkönigblick aus das Westallgäu, das Isnyer Becken, die Adelegg, das Weitnauer Tal mit Sonneck, Blender und das Illertal sehen. Hier lässt es sich eine ganze Zeit verweilen.

Um zum Alpkönigblick zu gelangen, gibt es diverse Wanderrouten, die untereinander kombinierbar sind. So kann sich jeder Wanderer die Wanderung so gestalten, dass sie zu seinen Bedürfnissen passt. Eine besonders schöne Genusswanderung startet an einem kleinen Parkplatz an der Kirche in Diepolz und bietet neben der königlichen Aussicht vom Alpkönigblick auch noch tolle Einkehrmöglichkeiten. So befindet sich kurz nach dem Ausgangspunkt mit der Höfle-Alpe gleich die erste Einkehrmöglichkeit. Sie ist Teil des Allgäuer Bergbauernmuseums. Besucher erfahren dort mehr über die Allgäuer Alpwirtschaft, den Sennalltag

REISEBLOG
Allgäu

und die traditionelle Viehscheid im Spätsommer. Auf einer gemütlichen Terrasse mit wunderschöner Aussicht können Wanderer in der Höfle-Alpe eine köstliche Brotzeit genießen. Ein Besuch der Alpe bietet sich bei einer Wanderung zum Alpkönigblick sowohl zum Start als auch zum Ende der Wandertour an, da man zu beiden Zeitpunkten direkt an ihr vorbeikommt.

Eine weitere Einkehrmöglichkeit ist die Klings Hütte, welche sich direkt unterhalb des Alpkönigblicks befindet und so gar nicht zu verfehlen ist. Auch hier werden Gäste mit hausgemachten Brotzeittellern und selbst gebackenen Kuchen verwöhnt, während sie einen traumhaften Ausblick von der Terrasse aus genießen können.

Mehr Tipps zum Allgäu und anderen Destinationen finden Sie auf www.atastyhike.de

Höfle Alpe ➡ G6/7
Allgäuer Bergbauernmuseum e.V.
Diepolz 44, 87509 Immenstadt im Allgäu
✆ (083 20) 92 59 290
www.bergbauernmuseum.de/hoefle-alpe.html
Geöffnet April–Nov. tägl. 10–18 Uhr

Klings Hütte ➡ F6
Kapellenweg 6, 87547 Missen
✆ (083 20) 92 52 37, www.klings-huette.de
Geöffnet Mai–Nov. Sa/So/Fei und Brückentage

Eine Einkehr mit toller Aussicht ist bei Klings Hütte garantiert

Reiseregionen, Orte und Sehenswürdigkeiten

Ostallgäu

Das Ostallgäu reicht von der schwäbisch-bayrischen Hochebene bei Buchloe im Norden über die einstmals freie Reichsstadt **Kaufbeuren** mit ihrer hübsch sanierten Altstadt bis hin zum Alpenvorland rund um **Füssen** und den touristischen Highlights **Schloss Neuschwanstein** und **Schloss Hohenschwangau**, dem sogenannten Königswinkel. Das fantastische Alpenpanorama mit den **Tannheimer Bergen** und dem **Ammergebirge** ist an vielen Orten sehr gut zu sehen. Und dass die Berge hier hervorragende Möglichkeiten für ausgedehnte **Wanderungen** und **Radtouren** sowie für **Wintersport** in der kalten Jahreszeit bieten, muss wohl kaum erwähnt werden. Zahlreiche Seen zu Füßen der Berge wie der gestaute und vom Lech durchflossene **Forggensee** machen das Gebiet besonders attraktiv. Die beiden kleineren Ortschaften **Pfronten** und **Nesselwang** eignen sich hervorragend als Ausgangspunkte für Ausflüge in die idyllische Berg- und Seenlandschaft.

Der Forggensee mit Blick auf die Gemeinde Schwangau

Barockes Kleinod

Wallfahrtskirche St. Coloman und der Colomansritt

Schwangau, Bayern

Im Hintergrund erheben sich die majestätischen Gipfel der Alpen, in unmittelbarer Nähe befinden sich die Schlösser Neuschwanstein und Hohenschwangau mit ihrer verschwenderischen Pracht. Und mittendrin, von alten Baumwipfeln umgeben, ragt der Zwiebelturm der Wallfahrtskirche St. Coloman aus den Weiten der Felder heraus.Der Legende nach machte der irische Pilger Coloman auf seiner Reise nach Jerusalem an dieser Stelle Rast. Bis ins Heilige Land kam er nicht, denn er wurde vor Wien als vermeintlicher Spion festgenommen, gefoltert und erhängt. Seine Unschuld war schnell erwiesen, weil sich an seinem Grab verschiedene Wunder ereigneten. So verfügte Markgraf Heinrich I. schon zwei Jahre später die Überführung der Gebeine ins österreichische Melk an der Donau, wo sie am 13. Oktober 1014 beigesetzt wurden.

Die Barockkirche St. Coloman bei Schwangau.

In der Folgezeit wurde der heilige Coloman als Schutzpatron bei Krankheiten von Mensch und Vieh verehrt. In seinem Gedenken wurde in Schwangau ein kleines Barockkirchlein errichtet. Wann genau die Verehrung begann, ist nicht bekannt; das erste Zeugnis dafür ist ein Ablassbrief von 1429. Nach dem Dreißigjährigen Krieg nahm die Zahl der Pilger derart zu, dass die Kirchenräume nicht mehr ausreichten – ein Neubau musste her. 1682 wurde der Kirchturm mit der charakteristischen Zwiebelhaube erbaut, drei Jahre später wurde die neue Kirche geweiht.

St. Coloman ist ein Musterbeispiel für bayerische frühbarocke Kirchenarchitektur. Johann Schmuzer, der Baumeister der Kirche, war auch für die Stuckornamente verantwortlich. Darüber hinaus errichtete er drei Stuckaltäre, die mit ihren filigranen Kunstarbeiten besonders sehenswert sind. Auch der heilige Coloman ist wieder an den Ort seiner Rast zurückgekehrt: In der Monstranz auf dem rechten Seitenaltar befindet sich eine Reliquie Colomans, die von der Abtei in Melk gestiftet wurde.

Der Colomansritt zu Ehren des Heiligen im Oktober ist bis heute ein wichtiges Ereignis geblieben; die ersten Umzüge fanden schon im 15. oder 16. Jahrhundert statt. An diesem Tag werden Versprechen eingelöst oder Schulden bezahlt. Mehr als 200 geschmückte Pferde und Reiter in Trachten ziehen morgens zur Wallfahrtskirche, angeführt von heimischen Musikkapellen. Der Pfarrer hält die Messe im Freien, bevor er selbst hoch zu Ross die Pferde segnet. Die Bitte um Gesundheit von Natur, Mensch und Tier steht im Vordergrund und bildet eine symbolisch-lebendige Verbindung zur Colomanskirche.

Info: Schwangau liegt im Allgäu, ca. 4 km von Füssen entfernt. **Info Schwangau:** Tourist Information, Münchener Str. 2, 87645 Schwangau, Tel. (083 62) 819 80, www.schwangau.de. **Info Wallfahrtskirche St. Coloman:** Öffnungszeiten Ende Mai–Mitte Okt. tägl. ca. 14.30–16.30 Uhr, Kirchenführungen jeweils Do 15 Uhr. Sonderführungen nach Vereinbarung mit dem Pfarramt Waltenhofen, Tel. (083 62) 82 07. **Reisezeit:** Zum Colomansritt am 2. So im Okt.

Romantisch: Morgennebel im Ostallgäu nahe Füssen

Forggensee ➡ F10
Der Forggensee erstreckt sich über eine Gesamtfläche von mehr als 15 Quadratkilometer und ist damit einer der größten Seen Bayerns. Um ihn herum liegen die Gemeinden Füssen, Schwangau, Rieden am Forggensee, Roßhaupten und Halblech. Mit einem Umfang von etwa 32 Kilometern und einer Tiefe von bis zu 35 Metern bietet er ideale Vorraussetzungen für Feriengäste, die hier segeln, surfen, Boot fahren, fischen, baden, wandern oder auf dem gut ausgebauten Radweg um den See herum radeln möchten.

Entstanden ist der Stausee, durch den der Lech hindurchfließt, als im Jahr 1954 ein Staudamm erbaut und mehr als 50 Gebäude, darunter 16 Bauernhöfe, überschwemmt wurden. Da im Frühjahr das Schmelzwasser aus den Alpen aufgefangen wird, erreicht der See erst im Juni seine volle Stauhöhe. Und weil im Herbst das Wasser wieder abgelassen wird, kann man auf einem Spaziergang durch das Staubecken der ehemaligen Lechau immer wieder Reste der ehemaligen Bauernhöfe, aber auch der alten römischen Straße *Via Claudia Augusta* entdecken.

i Tourismusverband Ostallgäu e.V. ➡ F10
Schwabenstraße 11, 87616 Marktoberdorf
✆ (08342) 91 15 06, www.schlosspark.de

Drachenweg ➜ F10
www.rosshaupten.de
Die Spuren des sagenumwobenen Roßhauptener Drachens lassen sich neuerdings auf dem in der Tiefentalschlucht angelegten Wanderweg südlich von Roßhaupten erkunden. Der heimatkundliche Erlebnisweg ist in eine leichte und schwierige Variante geteilt und zeugt von der Zeit, als der Heilige Magnus die Roßhauptener von einem bösen Drachen befreit haben soll. Er eignet sich vor allem für Familien und lässt Kinder die Wildnis des frühen Mittelalters erahnen.

Paragliding am Tegelberg

Kletterzentrum Allgäu ➜ F10
Dietringer Str. 50, 87669 Rieden
✆ (083 62) 94 01 87, www.alpenverein-fuessen.de
Di–Fr 16–22, Sa/So/Fei 13–21 Uhr
Eintritt ab € 11,90/6,90
In der 800 m² großen und 15 m hohen Halle können Kletterfreunde bei jedem Wetter Routen in fast allen Schwierigkeitsgraden ausprobieren.

Die Schlossparkradrunde
www.schlosspark.de
Durch das gesamte Ostallgäu, das seit einiger Zeit aus Marketinggründen auch »Schlosspark« genannt wird, führt ein Radrundweg, der an so gut wie allen relevanten Sehenswürdigkeiten der Region vorbeiführt. Auf 219 Kilometern, die auch Genussradler in fünf Etappen gut bewältigen können, geht es von Füssen über die Königsschlösser und entlang des Ammergebirges bis Gennach im Norden. Zurück führt die Route über Bad Wörishofen und Nesselwang. Die Schlossparkradrunde wurde vom ADFC mit fünf Sternen ausgezeichnet. Eine Broschüre mit Radkarte ist beim Tourismusverband Ostallgäu erhältlich.

Schiffsrundfahrten auf dem Forggensee mit der MS Füssen und der MS Allgäu

Forggensee-Schifffahrt ➜ F10
www.forggensee-schifffahrt.de
Juni–Mitte Okt. 8 mal tägl. ab 10 Uhr, Fahrpreis große Rundfahrt, € 13/6,50, kleine Rundfahrt € 9/4,50
Die Fahrgastschiffe MS »Allgäu« und MS »Füssen« starten am Bootshafen in Füssen. Zwei Touren, eine kleine (1 Std.) und eine große Schiffsrundfahrt (2 Std.), werden angeboten.

Panoramablick vom Tegelbergplateau

Halblech ➡ F10
Die gut 3000 Einwohner zählende Gemeinde Halblech auf der Ostseite des Forggensees besteht aus insgesamt 32 Ortsteilen und gilt als Tor zum **Naturschutzgebiet Ammergebirge**, das zu drei Vierteln in Bayern und zu einem Viertel in Tirol liegt. Dieses relativ niedrige Gebirge (der höchste Berg Daniel ist 2340 m hoch) eignet sich wegen der Seilbahnen auf den Buchenberg (Talstation in Buching) und auf den Tegelberg (Talstation in Schwangau) besonders gut für Familien, Wanderer, Kletterer, Paraglider, Drachenflieger und Moutainbiker. Halblech ist auch ein guter Ausgangspunkt für Ausflüge in den Königswinkel (Schlösser Neuschwanstein und Hohenschwangau) oder zum nah gelegenen Forggensee.

Tourist Information Halblech ➡ F10
Bergstr. 2A, 87642 Halblech (OT Buching)
✆ (083 68) 285,www.halblech.de
Juli–Mitte Sep. Mo–Fr 9–12 und 14–18, Sa 9–12, übrige Zeit Mo–Fr 9–12 und 14–17 Uhr

Buchenberg-Alm ➡ F10
Füssener Str. 19, Halblech (Buching)
✆ (083 68) 940 763, www.buchenberg-alm.de
Tägl. 9–18, bei Rodelbetrieb bis 22 Uhr, Nov./Dez. nur Sa/So
Eine tolle Aussicht hat man von der Terrasse dieser zünftigen Berghütte in 1140 m Höhe auf dem Buchenberg.

Buchenbergbahn ➡ F10
Füssener Straße 19, Halblech (in Buching an der B17)
✆ (083 68) 983 60, www.buchenbergbahn.de
Bei guter Witterung tägl. 10–17 Uhr
Berg- und Talfahrt € 10,80/7,20
Doppelsesselbahn, mit der man bequem die 1140 m hohe Buchenberg-Alm auf der Alpe »Ebene« erreichen kann. Von hier aus führen zahlreiche Wanderwege ins Naturschutzgebiet Ammergebirge. Im Nachbarort Schwangau bringt die Tegelbergbahn ➡ F/G10 Besucher auf den 1881 m hohen Tegelberg.

In Pfronten fährt die Breitenbergbahn auf den Breitenberg (tägl. 9–17 Uhr).

Hopfen und Hopfensee ➡ F9
Hopfen ist ein Ortsteil von Füssen und liegt idyllisch am Hopfensee. Weil der Ort leicht ansteigt und sich im Norden des Sees erstreckt, bietet sich von beinahe überall ein fantastischer Ausblick auf den See und die dahinter liegende Gebirgslandschaft mitsamt dem Schloss Neuschwanstein. Der knapp zwei Quadratkilometer große **Hopfensee** gilt als eines der wärmsten Gewässer in der Voralpenregion, er trägt auch den Beinamen »Allgäuer Riviera«. Im Sommer erwärmt er sich schnell, dies liegt

Windstille: Der Hopfensee entstand einst durch die Austiefung der Zungen der Lechgletscher

daran, dass er im Durchschnitt nur etwa drei bis vier Meter flach ist. Die tiefste Stelle misst gerade mal elf Meter.

Die meisten Touristen, die hierhin kommen, wollen einfach nur die Seele baumeln lassen. Doch bietet sich der Ort auch als Ausgangspunkt für Wanderungen und Fahrradtouren an. Sehr beliebt sind Spaziergänge zur **Burgruine Hopfen**, von der man eine beeindruckende Aussicht auf die Umgebung hat. Die Grundmauern der Burg wurden erst Ende der 1990er Jahre freigelegt beziehungsweise saniert. Da sie vermutlich im 11. Jahrhundert erbaut wurde, gilt sie als älteste Steinburg des Allgäus.

Tourist Information Hopfen ➜ F9
Uferstr. 21, 87629 Füssen-Hopfen am See
✆ (083 62) 74 58, www.fuessen.de
Nov.–April Mo–Fr 9–12 und 14–17, Sa 9–12, Mai–Okt. Mo–Fr 9–12 und 14–18, Sa/So 9–12 Uhr

Fischerhütte ➜ F9
Uferstr. 16, Füssen (Hopfen)
✆ (083 62) 919 70, www.fischerhuette-hopfen.de
Tägl. 10–24 Uhr
Alteingesessenes Ausflugslokal mit Terrasse, das für seine Fischspezialitäten bekannt ist. €€

Füssen im Allgäu: Blick über den Ortsteil Hopfen am See auf den Hopfensee

Blick von der Burgruine Hopfen

Haus Hopfensee ➡ F9
Höhenstr. 14, Füssen (Hopfen)
✆ (08 362) 67 52, www.haus-hopfensee.de
Di–So 11–22 Uhr, Eintritt Theater € 10/5
In diesem Veranstaltungshaus gibt es sowohl ein **Panoramarestaurant** mit deutsch-internationaler Küche als auch ein einfacheres Wirtshaus, den **Hopfenkeller**. Eine Besonderheit dieses Hauses ist jedoch die **Wirtshausbühne**, für die der Inhaber und sein Sohn selbst volkstümliche Stücke, meist Komödien, schreiben und schließlich mit dem Personal und einigen Freiwilligen aus der Umgebung aufführen. €€

Flori's Radl und Skiverleih ➡ F9
Parkplatz Ost, Füssen (Hopfen)
✆ (083 62) 397 70, www.floris-radlverleih.de
Im Sommer tägl. 9–18 Uhr, im Winter nach tel. Absprache
Verleih von Fahrrädern, Mountainbikes, E-Bikes und Kinderfahr-rädern, im Winter Skiverleih.

Bootsverleih
E-Boote, Tretboote, Ruderboote und vieles mehr.
✆ (0151) 19 77 22 12, http://marina-hopfensee.de
Mitte April bis Mitte Oktober tägl. 9–19 Uhr (abhängig von Wetterlage)

Stand Up Paddling
Vermietung von Stand Up Paddles und Kajaks

Pietà in der ehemaligen Klosterkirche Irsee

✆ (0172) 748 41 52, www.wassersport-hopfensee.com
Anfang Juni bis Anfang Sept. tägl. ab 10 Uhr (abhängig von Wetterlage)

Irsee ➡ C/D9
Etwa sieben Kilometer nordwestlich von Kaufbeuren liegt die Marktgemeinde Irsee, deren Zentrum das **Kloster Irsee** darstellt, ein ehemaliges Benediktinerkloster.

In dem prachtvollen Barockbau brachte man nach der Säkularisation des Klosters im Jahre 1830 eine Nervenheilanstalt unter, die erst 1972 aufgelöst wurde. Während des Dritten Reiches wurden etwa 1600 Patienten in Vernichtungsanstalten deportiert, in denen sie infolge einer fettlosen Hungerdiät oder von Spritzen umkamen. Ein **Denkmal** hinter dem Hauptgebäude erinnert an dieses Verbrechen.

Zum Klosterkomplex gehört auch die ehemalige Klosterkirche, die heutige **Pfarrkirche Peter und Paul** mit ihren dreigeschossigen Türmen. Vor allem wegen ihrer Rokoko-Korbkanzel in Form eines Schiffsbugs ist das Innere eine Besichtigung wert ist.

Schwäbisches Tagungs- und Bildungszentrum Kloster Irsee ➡ C/D9
Klosterring 4, 87660 Irsee
✆ (083 41) 906 00, www.kloster-irsee.de

Irseer Klosterbräu ➡ C/D9
Klosterring 1–3, Irsee
✆ (083 41) 43 22 00
https://irsee.com, tägl. 10–23, Museum tägl. 9–19 Uhr
Gasthof mit hauseigener Brauerei, in dem herzhafte bayrische Spezialitäten serviert werden. Ein **Brauereimuseum** informiert über die Geschichte der Brauerei. €€

Kaufbeuren ➡ D9
Etliche Türme geben der ehemaligen freien Reichsstadt Kaufbeuren ihr heutiges Gesicht. Das Zentrum ist von einer gut erhaltenen mittelalterlichen Altstadt geprägt. Leinenweberei und Schmiedehandwerk haben die Stadt einstmals reich werden lassen, wovon auch die **Kaiser-Max-Straße** mit ihren kunstvoll bemalten

Hausfassaden zeugt. Kaiser Maximilian I. hielt sich sehr gerne und oft in Kaufbeuren auf, woran jedes Jahr im Juli auf dem beliebten **Tänzelfest** über 1600 Kinder erinnern, indem sie den Einzug von Kaiser Maximilian I. mit seinem Gefolge und seiner Gattin Bianca in die Stadt nachspielen. Das älteste historische Fest Bayerns ist Kaufbeurens »fünfte Jahreszeit«, denn ein Großteil der 42 000 Einwohner nimmt in irgendeiner Form an diesem über 500 Jahre alten Stadtfest teil, und sei es nur als Zuschauer.

Die Ursprünge Kaufbeurens gehen auf das Jahr 740 zurück, als ein fränkisch-karolingischer Reichshof als militärischer Stützpunkt und Verwaltungssitz eines fränkischen Königsgutsbezirks gegründet wurde. Die erste urkundliche Erwähnung stammt allerdings erst aus dem Jahre 1112. Nachdem der Ort im 13. Jahrhundert zur freien Reichsstadt aufgestiegen war, begann eine Blütezeit, während der die Stadt durch Handel zu großem Wohlstand gelangte. Vor allem im 15. Jahrhundert manifestierte sich der Reichtum in Form von prachtvollen gotischen Häusern und Kirchen, die der Stadt bis heute ihren Charakter verleihen. Erst mit dem Anschluss an Bayern in den Jahren 1802/03 endete die jahrhundertelange Reichsfreiheit. Nach dem Zweiten Weltkrieg wurden Vertriebene aus dem Isergebirge in

Neptunbrunnen in der Kaiser-Max-Straße in Kaufbeuren

Die Stadt der Optimisten

ALTSTADT VON KAUFBEUREN

Kaufbeuren, Bayern

Ludwig Ganghofer, der wohl populärste bayerische Heimatschriftsteller, sagte einst über seine Geburtsstadt: „Ich wurde zu Kaufbeuren geboren. Kein Wunder also, dass ich ein Optimist wurde.« Er kam 1855 in Kaufbeuren zur Welt, 1920 starb er am Tegernsee. Mit weltweit mehr als 30 Millionen verkauften Werken und 45 deutschen Verfilmungen ist Ganghofer einer der meist gelesenen und verfilmten deutschen Autoren aller Zeiten – Gründe genug also für die 42 000-Einwohner-Stadt im Allgäu, an ihren berühmtesten Sohn zu erinnern.

Im Stadtmuseum wurde die Einrichtung seines Arbeitszimmers wiederaufgestellt, in einem anderen Raum dokumentieren u. a. Fotografien, handschriftliche Manuskripte und 40 Geräte aus Ganghofers privatem elektrophysikalischem Labor Leben und Schaffen des Autors. Auf den Speisekarten verschiedener Wirtshäuser in der Stadt werden immer wieder spezielle Ganghofer-Menüs angeboten. Zu Lebzeiten schätzten seine Freunde aus Kunst und Literatur die Gastfreundschaft des Künstlers.

Überliefert ist etwa ein Zitat des Dichters Hugo von Hofmannsthal, der begeistert war von den Tafelfreuden in Ganghofers Jagdhaus Hubertus bei Leutasch: »Die Kost ist ausgezeichnet. Um halb drei früh haben wir Thee gehabt, um sechs Uhr früh Eierspeise und Marsala, um ein Uhr Saiblinge, garnierten Lungenbraten, ein sehr gutes Citronen-Soufflé und Münchner Bier.«

Die ehemalige Freie Reichsstadt Kaufbeuren ist durch ihr mittelalterliches Stadtbild geprägt. Die krummen Gassen, die teilweise begehbare historische Stadtmauer, die gemütlichen Plätze und prachtvollen Bürgerhaus-Fassaden lassen erahnen, wie hier vor 600 Jahren Markt gehalten, eingekauft, flaniert und in den Cafés und Wirtshäusern gefeiert wurde. Eine Tradition, die die Einwohner bis heute mit ihren Gästen fortführen. Besucher können die Geschichte der Stadt bei verschiedenen Themenführungen kennenlernen.

Altstadtkulisse Kaufbeuren.

INFO: Kaufbeuren liegt ca. 90 km südwestlich von München. **INFO KAUFBEUREN:** Tourist Information, Kaiser-Max-Str. 3 A, 87600 Kaufbeuren, Tel. (083 41) 43 71 90, www.kaufbeuren-tourismus.de.

Nordböhmen angesiedelt. In der Folge entstand der neue Stadtteil **Neugablonz**, der vor allem wegen seiner industriellen Glas- und Schmuckproduktion internationale Beachtung fand.

Einen Rundgang durch die Altstadt beginnt man am besten beim 1879 bis 1881 im Stil der Neorenaissance erbauten **Rathaus**. Der wohl beliebteste Treffpunkt der Stadt ist der **Neptunbrunnen** von 1753. Während der Vorweihnachtszeit wird auf ihm der angeblich **größte Adventskranz der Welt** installiert. Südlich davon erhebt sich der 44 Meter hohe Turm der **Dreifaltigkeitskirche** mit ihrer spätbarocken Innenausstattung. Der einstige Profanbau diente Kaiser Maximilian I. als Herberge, bevor er später zur Kirche umgebaut wurde. Auf der anderen Seite der Kaiser-Max-Straße gelangt man zur katholischen **St. Martinskirche**, die ursprünglich als romanische Basilika erbaut und seitdem gleich mehrfach umgebaut wurde und nun mit neugotischem Antlitz die Stadt verschönert.

Unbedingt empfehlenswert ist der Besuch der teilweise erhaltenen **Befestigungsanlagen** oberhalb der Stadt, die man über einige Treppen erreicht und deren Mauer begangen werden kann, wenn man sich vorher den Schlüssel dafür bei der Tourist Information abholt. Darüber hinaus lohnt sich hier der Spaziergang entlang der **Blasius-Kapelle** mit dem ältesten Stadtmauerturm der Stadt bis hin zum 1420 erbauten **Fünfkopfturm**, dem Wahrzeichen von Kaufbeuren. Nicht unerwähnt bleiben soll das um 1150 gegründete **Crescentia-Kloster**. Der Name des Klosters erinnert an die im Jahr 2001 heiliggesprochene Klosterfrau Crescentia Höß (1682–1744). Hier beginnt auch der Crescentia-Pilgerweg.

Tourist Information ➡ D9
Kaiser-Max-Str. 3 A, 87600 Kaufbeuren
✆ (083 41) 43 71 90, www.kaufbeuren-tourismus.de
Mo/Di und Do/Fr 9.30–17, Mi 9.30–14, Mai–Okt. auch Sa 9.30–12 Uhr

Erlebnis-Ausstellung der Gablonzer Industrie ➡ C9
Neue Zeile 11, Kaufbeuren (Neugablonz)
✆ (083 41) 989 03, www.gablonzer-industrie.de
Mo–Do 9.30–12 und 14–17, Fr 9.30–12 Uhr, Eintritt frei

Extravagant: Modeschmuckherstellung in Kaufbeuren-Neugablonz

In der Ausstellung lernt man den aufwendigen Prozess der Schmuckherstellung kennen. Es besteht auch die Möglichkeit Schmuck zu kaufen.

Isergebirgsmuseum ➡ D9
Bürgerplatz 1, Kaufbeuren (Neugablonz)
✆ (083 41) 96 50 18, www.isergebirgs-museum.de
Di–So 14–17 Uhr, Eintritt € 4/2,50
Hier erfährt man mehr über die 400-jährige Vorgeschichte der Vertriebenen aus Gablonz, Reichenberg und Friedland, die sich nach Ende des Zweiten Weltkriegs in Neugablonz angesiedelt haben.

Puppentheatermuseum ➡ D9
Ludwigstr. 41A (im Spielbergerhof), Kaufbeuren
✆ (083 41) 141 21 oder 143 29
www.puppenspielverein.de
Do–Sa 10–12 und 14.30–17 Uhr, Eintritt € 3/1
Kleines Museum über die Geschichte des Puppenspielvereins Kaufbeuren.

Klosterberggarten des Crescentia-Klosters
➡ D9
Eingang gegenüber der Klosterkirche am Crescentia-Platz, Kaufbeuren

Wahrzeichen von Kaufbeuren: der Fünfkopfturm

Innenstadt von Kaufbeuren

www.crescentiakloster.de
Tägl. 9–20 Uhr
Der idyllische Garten des Franziskanerinnenklosters ist von unten wie auch von oben zugänglich und lädt zu einem besinnlichen Aufenthalt ein.

Gasthof Engel ➡ D9
Hauptstr. 10, Kaufbeuren
✆ (083 41) 21 24, www.engel-kaufbeuren.de
Tägl. 10–23 Uhr
Traditionslokal im Herzen der Altstadt mit Allgäuer Spezialitäten. €€

Café Weberhaus ➡ D9
Kaiser-Max-Str. 22, Kaufbeuren
✆ (083 41) 25 04, www.cafe-troeglen.de
Mo–Fr 8.30–18.30, Sa 9–17.30, So 13–17 Uhr
Alteingesessenes Café mit eigener Konditorei. €

Crescentia Klosterladen ➡ D9
Obstmarkt 3, Kaufbeuren
✆ (083 41) 90 71 84, www.crescentiakloster.de
Mo–Fr 10–12 und 14–17, Sa 10–14 Uhr
Reiches Angebot von Devotionalen, religiösen Büchern und Postkarten.

Tänzelfest
www.taenzelfest.de
Jährlich Mitte bis Ende Juli
Das größte historische Fest Bayerns wird vom Tänzelfestverein e. V. Kaufbeuren organisiert.

Nesselwang ➡ F8

Obwohl nur 3500 Einwohner groß, zählt der Luftkurort Nesselwang zu den bekanntesten Erholungsorten im Allgäu. An der Straße zwischen Füssen und Bad Hindelang gelegen, hat der Ort unter starkem Verkehrsaufkommen zu leiden. Dennoch ist er nach wie vor wegen seiner familienfreundlichen Ferienwohnungen, die zum Teil auch in Bauernhöfen untergebracht sind, sehr gefragt. Nesselwang verfügt außerdem über einen der größten **Nordic Walking Parks** Deutschlands (www.laufarena.de) und bietet ausgezeichnete Wandermöglichkeiten zum Alpspitz und zum Edelsberg. Im Winter sind die Möglichkeiten nicht geringer, im Gegenteil: Mit mehreren Skiliften, Langlaufloipen und Rodelbahnen bietet der Ort eine gute Auswahl an Aktivitäten an.

Tourist Information ➡ F8

Hauptstr. 20, 87484 Nesselwang
✆ (083 61) 92 30 40, www.nesselwang.de
Mo–Fr 8.30–12 und 14–18 Uhr

Kronenhütte ➡ F8

Alpspitzweg 25 (Mittelstation der Alpspitzbahn), Nesselwang
✆ (083 61) 31 70, www.kronenhuette.de
Mi–Sa 11–24, So 11–17 Uhr
Gemütliches Berggasthaus mit Terrasse, toller Aussicht und echter Allgäuer Küche. €

Das winterliche Nesselwang vor der Alpspitze

Schloss Neuschwanstein und Schloss Hohenschwangau bei Füssen im Allgäu, dahinter der Alpsee

2 Neuschwanstein und Hohenschwangau ➡ G10

Die Redensart »Träumen muss erlaubt sein« hatte für König Ludwig II. von Bayern (1845–86) vermutlich eine andere Bedeutung als für die meisten Menschen. Träume waren für ihn wohl in erster Linie dazu da, sie zu realisieren. Und so schrieb er, inspiriert von einem Besuch auf der Wartburg bei Eisenach, im Jahr 1868 in einem Brief an den von ihm hochverehrten Freund Richard Wagner, dass er vorhabe, »... die alte Burgruine Hohenschwangau bei der Pöllatschlucht neu aufbauen zu lassen im echten Styl der alten deutschen Ritterburgen ...«.

Dass das heute so berühmte **Schloss Neuschwanstein**, Inbegriff eines Märchenschlosses, nach 18 Jahren Bauzeit immer noch nicht fertig war, lag vor allem am zunehmenden Geldmangel des Königs, der immer mehr Kredite aufnehmen musste. Immerhin verlebte er seine letzten Wochen in den für ihn bereits fertiggestellten Räumen, bevor er abgesetzt wurde und zwei Tage später auf nach wie vor ungeklärte Weise den Tod im Starnberger See fand. Entgegen dem Wunsch Ludwig II., das Schloss niemals der Öffentlichkeit zugänglich zu machen, wurde es bereits sechs Wochen nach seinem Tod für Besucher geöffnet, um mit den Eintrittsgel-

Das opulente Schlafzimmer von Ludwig II. in Schloss Neuschwanstein

dern einen Teil der Kredite zu bezahlen. Heute lockt es jährlich rund 1,4 Millionen Besucher aus aller Welt an.

Bei näherer Betrachtung des Traumschlosses wird schnell deutlich, dass für den Bau die neueste Technik und die neuesten Materialien eingesetzt wurden: Die Fundamente sind zementiert, das Mauerwerk besteht aus Ziegeln und wurde nur mit Kalkstein verkleidet. Im Inneren gibt es eine Heißluft-Zentralheizung, fließendes Wasser, automatische Toilettenspülungen, eine elektrische Rufanlage, Telefonanschlüsse und sogar einen Aufzug. Die Räume sind dagegen mit Bildern und Kunstgegenständen geschmückt, die von der poetischen Mittelaltersicht des ehemaligen Besitzers künden und von den Opern Richard Wagners inspiriert sind.

Höhepunkt eines Besuchs ist sicherlich der Gang durch die Privatgemächer Ludwig II. Hier durchquert man auch die berühmte »kleine Grotte« zwischen Wohn- und Arbeitszimmer, die farbig beleuchtet werden konnte und an den Hörselberg in der Tannhäuser-Sage erinnern soll. Von Interesse sind auch der Thronsaal, der Sängersaal und die seinerzeit hochmoderne Küche im Schloss.

Viel länger als im Schloss Neuschwanstein lebte Ludwig II. im langjährigen Sommersitz seiner Familie, dem **Schloss Hohenschwangau** am Alpsee, in dem er schon einen Großteil seiner Kindheit und Jugend verbracht hatte. Von seinen Gemächern aus verfolgte er per Fernrohr jahrelang den Fortschritt der Bauarbeiten am Schloss Neuschwanstein. Bevor König Maximilian II.,

Bayernkönig Ludwig II. und seine Schlösser…

Die letzte Fantasie des »Märchenkönigs«

Schloss Neuschwanstein und eine Kutschfahrt in Bayern

Schwangau, Bayern

Drehen Sie die Zeit zurück und begeben Sie sich in einer Pferdekutsche auf die Spuren des exzentrischen Königs Ludwig II. entlang der Königsstraße: Originalgetreue Kutschen aus dem 19. Jahrhundert bieten Platz für bis zu neun Passagiere, die am liebsten auf den lederbezogenen Sitzen hinter dem uniformierten Kutscher Platz nehmen. Die atemberaubende Schönheit der bayerischen Wiesen und Wälder, von Bergen und kristallklaren Seen wird durch den Klang der Kuhglocken und das Klappern der Pferdehufe untermalt. Die nahezu verkehrsfreien alten Kutschwege führen Sie in gemütlichem Tempo entlang vereinzelter Dörfer, historischer Gasthöfe und Dorfkirchen mit Zwiebeltürmen zu König Ludwigs extravagantem Schloss Neuschwanstein vor einer märchenhaften Bergkulisse.

Von den drei Schlössern, die König Ludwig bauen ließ, ist Neuschwanstein bei Weitem sein theatralischstes Werk. Dieser Türmchenbau war die Inspiration für Disneys Dornröschenschloss. Für den Entwurf beauftragte Ludwig anstelle eines Architekten den höfischen Bühnenbildner, einen Experten im Realisieren der königlichen Wünsche und Launen. Vom nahe gelegenen Schloss Hohenschwangau aus überblickte der König die Arbeit an Neuschwanstein.

Es sollte 17 Jahre dauern und horrende Kosten verschlingen, bis das Schloss fertiggestellt war. Nur 170 Tage lebte Ludwig in seinem Traumschloss, bevor er auf mysteriöse Weise starb, nachdem man ihn gezwungen hatte, aufgrund seiner geistigen Verwirrung abzudanken. Mehr zur Geschichte der Wittelsbacher erfährt der Besucher im Museum der Bayerischen Könige, das in einem ehemaligen Grandhotel in Hohenschwangau untergebracht ist.

Schloss Neuschwanstein thront in einzigartiger Lage auf einem Felsen über der Pöllatschlucht.

Info: Schloss Neuschwanstein liegt in der Nähe des Forggensees im Allgäu und des Orts Schwangau. **Info Schloss Neuschwanstein:** Ticketcenter Neuschwanstein-Hohenschwangau, Alpseestr. 12, 87645 Hohenschwangau, Tel. (083 62) 93 08 30, www.neuschwanstein.de, Öffnungszeiten tägl. April–Mitte Okt. 9–18, Kassenöffnung 7.30–17, Mitte Okt.–März 10–16, Kassenöffnung 8.30–15 Uhr, Besichtigung nur mit Führung, Reservierung empfohlen, Eintritt € 13, ermäßigt € 12, unter 18 J. in Begleitung frei. **Info Museum der Bayerischen Könige:** Alpseestr. 27, Hohenschwangau, Tel. (083 62) 88 72 50, Öffnungszeiten tägl. 9–17 Uhr, Eintritt € 11, ermäßigt € 10, bis 18 J. frei. **Reisezeit:** Mai–Okt.

Ludwigs Vater, die zerfallene Burg erwarb und 1833 bis 1837 im neugotischen Stil wiederaufbauen ließ, gehörte sie bis zum 16. Jahrhundert dem Rittergeschlecht von Schwangau und danach einem Augsburger Kaufmann. Wie später Schloss Neuschwanstein wurde auch dieses Schloss mit zahlreichen Gemälden ausgestattet, die Szenen aus der mittelalterlichen Sagenwelt zeigen. Ein immer wiederkehrendes Motiv ist der Schwan, das Lieblingstier Ludwigs II. Besonders sehenswert ist der große Festsaal mit eindrucksvollen Wandmalereien, das Orientzimmer und das von Ludwig II. umgebaute Schlafzimmer mit einem künstlich beleuchtbaren Sternenhimmel.

Ticket-Center Hohenschwangau ➡ G10
Alpseestr. 12, 87645 Hohenschwangau
✆ (083 62) 93 08 30, www.hohenschwangau.de
April–15. Okt. tägl. 7.30–17, 16. Okt.–März tägl. 8.30–15 Uhr, Eintritt je Schloss € 13/12, bis 18 J. frei, Kombitickets: »Schwanenticket« für beide Schlösser und Museum € 31,50/30, »Königsticket« für beide Schlösser € 25/23, »Prinzenticket« für Schloss Neuschwanstein und Museum sowie »Wittelsbachticket« für Schloss Hohenschwangau und Museum € 22/20.

… Schloss Hohenschwangau, Sommerresidenz seines Vaters König Maximilian II.

Die Kinderstube Ludwigs II.

SCHLOSS HOHENSCHWANGAU

Schwangau, Bayern

Irgendwann im Jahr 1832 brach der 21-jährige Kronprinz Maximilian von Bayern zu einer Wanderung durch das Allgäu auf. Ein Ausflug, der Geschichte schreiben sollte. Denn vier Kilometer von Füssen entfernt, in der Gemeinde Schwangau, erblickte der junge Prinz eine alte Burgruine – landschaftlich reizvoll gelegen, aber vollkommen verwahrlost. Es war die 600 Jahre alte Burg Schwanstein, ehemals Sitz der Ritter von Schwangau.

Maximilian kaufte die Überreste und ließ die Festung im englischen Tudorstil bis 1837 neu aufbauen. Der königlichen Familie diente das Anwesen als Sommerresidenz. Es war zugleich die Kinderstube Ludwigs II. Seine Mutter Marie von Bayern lebte nach dem Tod ihres Sohnes noch fast drei Jahre im Schloss und verstarb dort 1889. Heutiger Eigentümer ist der Wittelsbacher Ausgleichsfonds.

In unmittelbarer Nachbarschaft zu Schloss Neuschwanstein gelegen ist Hohenschwangau inzwischen zum Anziehungspunkt für Wanderer sowie kunstgeschichtlich interessierte Besucher aus aller Welt geworden. Mit der Bauleitung hatte Maximilian seinen Kunstlehrer, den Architektur- und Theatermaler Domenico Quaglio (1787–1837), betraut, der kurz vor der Vollendung starb. Die Gestaltung der Räume erfolgte nach Entwürfen von Moritz von Schwind.

In diesem Zustand hat sich das romantische Schloss bis heute erhalten. Die Inneneinrichtung aus der Biedermeierzeit ist noch unverändert, 90 Wandgemälde zieren die Zimmer.

Besonders eindrucksvoll wirkt das ehemalige Schlafzimmer von Königin Marie. Der Raum wurde ganz in orientalischer Tradition eingerichtet – in Erinnerung an eine Reise Maximilians, die ihn 1832 nach Griechenland und in die Türkei geführt hatte. Vom Schloss fällt der Blick auf die bewaldeten Allgäuer Bergzüge des Schwarzenbergs und des Kienbergs.

Blick von Schloss Neuschwanstein auf die Lechtaler Alpen, rechts Schloss Hohenschwangau, die Sommerresidenz Maximilians II.

INFO: Schwangau liegt im Allgäu, ca. 4 km von Füssen entfernt. **INFO SCHLOSS HOHENSCHWANGAU:** Hohenschwangau, 87645 Schwangau, Tel. (083 62) 93 08 30, www.hohenschwangau.de und www.schwangau.de, Öffnungszeiten tägl. April–Mitte Okt. 9–17, Mitte Okt.–März 10–16 Uhr. Eine Besichtigung der Anlage ist nur im Rahmen einer Führung möglich. Eintritt € 13, ermäßigt € 12 unter 18 J. in Begleitung frei.

Museum der bayerischen Könige ➡ G10
Alpseestr. 27, Hohenschwangau
Tägl. 9–17 Uhr, Eintritt € 11/10, bis 18 J. frei
Das erst im Herbst 2011 eröffnete Museum zeigt in seiner eindrucksvollen Dauerausstellung die Geschichte der Wittelsbacher Dynastie und ihrer bayerischen Könige.

2 Schlösser Neuschwanstein und Hohenschwangau ➡ G10
www.neuschwanstein.de, www.hohenschwangau.de
Neuschwanstein: April–15. Okt. tägl. 9–18, 16. Okt.–März tägl. 10–16 Uhr, Hohenschwangau: April–15. Okt. tägl. 9–17, 16. Okt.–März tägl. 10–16 Uhr
Eintrittskarten sind nur im TicketCenter in Hohenschwangau (vgl. S. 64) erhältlich. Der Zutritt ist nur im Rahmen einer Führung möglich.

Marienbrücke und Pöllatschlucht ➡ G10
Es lohnt sich, vor oder nach dem Besuch von Neuschwanstein einen Abstecher zur Marienbrücke gleich unterhalb des Schlosses zu machen. Sie ist in ca. 20 Min. Fußweg

Das »Museum der Bayerischen Könige« unterhalb von Schloss Neuschwanstein bei Füssen im Allgäu ist eine ideale Ergänzung zur Schlossführung

Der smaragdgrüne Alpsee – der liebste Badesee von König Ludwig II.

Auf König Ludwigs Spuren

König Ludwig II. war ohne Zweifel ein Naturliebhaber. Es war ihm, wenn er sich beispielsweise in Schloss Hohenschwangau aufhielt, regelmäßig ein Bedürfnis, in seine vergoldete Kutsche zu steigen und sich durch das idyllische Voralpenland fahren zu lassen. Am liebsten waren ihm nächtliche Ausfahrten im Winter. Und wenn er sich der Öffentlichkeit auch als »Märchenkönig« präsentierte, so suchte er doch regelmäßig die spartanischen Berghütten auf, die schon sein Vater Maximilian II. genutzt und zum Teil auch errichtet hatte. Einige andere ließ Ludwig selbst bauen, und auch auf einigen Berggipfeln wurden für ihn Pavillons errichtet, damit er ungestört die Ruhe und Magie der Bergwelt genießen konnte. Mit Sicherheit kannte er zwischen dem Königssee bei Berchtesgaden und Füssen im Allgäu die besten und schönsten Winkel Bayerns. Noch heute stehen einige dieser Hütten und können von Touristen aufgesucht werden.

Eine Rundwanderung könnte beim Tegelberghaus beginnen, einer gemütlichen Berghütte in 1700 Metern Höhe, die 1835 von Maximilian II. als königliches Jagdhaus erbaut wurde. Erreichbar ist sie unter anderem über die Bergstation der Tegelbergbahn, von der aus man übrigens sehr gut die wagemutigen Starts der Gleitschirm- und Drachenflieger beobachten kann. Über den Naturpfad Ahornreitweg gelangt man bald zum Berggasthaus Bleckenau, das Maximilian II. als »Schweizerhaus« für seine Frau Marie errichten ließ. Auf keinen Fall verpassen sollte man danach den außergewöhnlichen Ausblick von der Marienbrücke auf die Pöllatschlucht und auf Schloss Neuschwanstein.

Nach dem Besuch des »Märchenschlosses« und des Schlosses Hohenschwangau könnte der Alpsee, einer der saubersten Seen Deutschlands, das nächste Ziel sein. In dem smaragdgrün leuchtenden und bis zu 62 Meter tiefen See zwischen Felswänden und bewaldeten Hügeln badete schon König Ludwig als kleiner Junge. Ein 4,7 Kilometer langer Rundweg führt um das geheimnisvoll und tiefgründig wirkende Gewässer.

erreichbar. Die 1866 erbaute Brücke führt in 90 m Höhe über die Pöllatschlucht. Von hier aus hat man nicht nur einen sehr aufregenden Blick hinunter in die Schlucht, sondern auch auf das Schloss Neuschwanstein.

Schlossrestaurant Neuschwanstein ➡ G10
Neuschwansteinstr. 17, Hohenschwangau
✆ (083 62) 811 10
www.schlossrestaurant-neuschwanstein.de
Sommer tägl. 9–18, Winter tägl. 10–17 Uhr
Das Restaurant bietet gediegene Allgäuer Küche und befindet sich in unmittelbarer Nähe zum Schloss Neuschwanstein. €€

Pfronten ➡ F9
Der Luftkurort Pfronten besteht aus dreizehn Gemeinden und erstreckt sich am Fuße des Breitenbergs, des Kienbergs sowie des Falkensteins. Das Ortszentrum befindet sich zwischen Berg, Ried und Heitlern. Sommer- wie Winterurlauber finden gleichermaßen gerne den Weg hierher, eröffnen sich doch rund um Pfronten zahlreiche Möglichkeiten für Wanderungen, Rad- oder eben auch Skitouren. Immerhin sieben Skilifte an relativ sanften Hängen bieten für nicht so geübte Wintersportler optimale Bedingungen.

Allgäuer Bilderbuchpanorama: Pfronten am Fuße des Breitenbergs

Eine grandiose Aussicht hat man von der Burgruine Falkenstein bei Pfronten

Etwa 5 Kilometer südöstlich von Pfronten erhebt sich in 1268 Metern die 3 **Burgruine Falkenstein**, die höchstgelegene deutsche Burgruine. Sie wurde 1270 im Auftrag von Graf Meinhard II. erbaut und steht am Rande einer Felswand, etwa 400 Meter über dem Vilstal. An ihrer Stelle wollte Ludwig II. eigentlich ein weiteres Traumschloss errichten lassen, aber dazu kam es nicht. Die schmale Straße dorthin legte man allerdings schon in seinem Auftrag an. Von der Aussichtsplattform aus hat man einen fantastischen Blick. Ein kleines Museum informiert über die Geschichte der Burg.

Tourist Information ➡ F9
Vilstalstr. 2, 87459 Pfronten
✆ (083 63) 698 88, www.pfronten.de, Sommer Mo/Do/Fr 8.30–12 und 14–17, Di/Mi 8.30–12 Uhr

3 **Burgruine Falkenstein/Burgmuseum** ➡ F9
Auf dem Falkenstein 1, Pfronten (beim Ortsteil Meilingen)
Öffnungszeiten Museum: Mai–Okt. tägl. 9–18 Uhr
Eintritt frei, Mautgebühr € 3
Die höchstgelegene Burgruine Deutschlands.

Schankwirtschaft Wohlfart ➡ F9
Kienbergstr. 61, Pfronten
✆ (083 63) 92 87 95, www.schankwirtschaft-wohlfart.de
Mo–Fr ab 16, Sa ab 14, So/Fei ab 12 Uhr, Nebensaison So ab 16 Uhr
Alteingesessene, traditionsbewusste Wirtschaft mit selbst gebrautem Bier und klassischer Allgäuer Küche. €

Zieh, Sven, zieeeehhhhh!

Grosse Olympiaschanze und Vierschanzentournee

Garmisch-Partenkirchen, Bayern

Es war die Jahreswende 2001/2002, als Sven Hannawald Skisprung-Geschichte schrieb: Als erstem Springer der Welt gelang es ihm, bei allen Wettbewerben der Vierschanzentournee als Sieger auf dem Treppchen zu stehen. Zwar gibt es für diese Sportart keine Hall of Fame, aber unter den Fans fällt der Name Sven Hannawald mit Bewunderung in der Stimme – und mit Gedanken an die Glanzzeiten deutscher Skispringer, die man damals noch »Adler« nannte.

Die Große Olympiaschanze (rechts) in Garmisch-Partenkirchen.

Garmisch-Partenkirchen ist seit jeher der Inbegriff für Wintersport der Weltklasse. Am 7. Juni 1933 bekamen die Gemeinden Garmisch und Partenkirchen den Zuschlag, Gastgeber für die Olympischen Winterspiele 1936 sein zu dürfen. Aufgrund des bevorstehenden Großereignisses beschloss man, sich zu Garmisch-Partenkirchen zusammenzuschließen. Bis zum Beginn der Spiele gab es noch viel zu tun: In Rekordzeit wurden das Olympische Skistadion mit der Großen Olympiaschanze und das Olympia-Kunsteiszentrum für den bevorstehenden Wettbewerb quasi aus dem Boden gestampft, bestehende Anlagen wurden erweitert und viele neu gebaut. Die Standortwahl für die Große Olympiaschanze fiel auf den Gudiberg, der schon seit 1923 beliebter Ort für Skispringen der Extraklasse war.

1949 entwickelten die Mitglieder der Skiclubs Partenkirchen und Innsbruck die Idee der Vierschanzentournee. Die drei Stationen Partenkirchen mit dem schon damals stattfindenden Neujahrs-Skispringen, Innsbruck und Bischofshofen standen von Anfang an als Tourneeteilnehmer fest, aus Paritätsgründen machte man sich auf die Suche nach einem zweiten deutschen Partner, die Wahl fiel auf Oberstdorf.

Das erste Tournee-Jahr wurde schließlich 1953 eingeläutet. Um dieses sportliche Großereignis sowohl für Sportathleten als auch für Zuschauer gleichermaßen spannend zu gestalten, wurden die Schanzen im Laufe der Zeit regelmäßig den modernsten Anforderungen angepasst und umgebaut. So starten die Skispringer seit der Wintersaison 2007/08 beim traditionellen Neujahrsspringen in Garmisch-Partenkirchen von einer neuen Schanze mit einem Anlauf von 120 Metern, die alte Olympiaschanze wurde 2007 abgerissen. Der aktuelle Schanzenrekord liegt bei 143,5 Metern, aufgestellt von Simon Amman im Jahr 2010.

Info: Garmisch-Partenkirchen liegt ca. 90 km südwestlich von München. **Info Garmisch-Partenkirchen:** Tourist Information, Richard-Strauss-Platz 2, 82467 Garmisch-Partenkirchen, Tel. (088 21) 18 07 00, www.gapa.de. Tournee-Tickets unter www.vierschanzentournee.com. **Reisezeit:** Zum Neujahrsspringen (1. Jan.) oder im Herbst.

8350875 1 8321231

11-19°° 0

11-24· K

25685

0041 27 96 68101

✓ Zermatt – Matterhorn ✓

Vierwaldstätter See
(Weg der Schweiz)

Ascona
St. Moritz
TJ St Moritz

Deutsche Alpenstraße ✓
TJ Lindau ✓
Garmisch

Die Spitze Deutschlands

ZUGSPITZE

Garmisch-Partenkirchen, Bayern

Knapp verpasst. Die deutschen Berge haben es nicht wie ihre Schweizer und Österreicher Artgenossen auf 3000 Meter Höhe geschafft. Auch wenn die Zugspitze mit 2962 Metern die magische Grenze fast erreicht. Die fehlenden 38 Meter macht der höchste Berg Deutschlands allerdings allein durch seine fantastische Aussicht wett.

Glücklicherweise kann dank moderner Technik heute jeder den Gipfel erreichen, von Garmisch-Partenkirchen oder auch von Ehrwald in Österreich führen Seil- und Zahnradbahnen auf den Gipfel. Wer die sportliche Variante bevorzugt, hat die Qual der Wahl: Aufstiege aller Schwierigkeitsgrade sind im Angebot. Da über 2200 Höhenmeter zu überwinden sind, sollten mindestens sieben bis zehn Stunden für die Besteigung eingeplant werden. Entsprechende Kondition vorausgesetzt.

Wie auch immer der Gipfel erreicht wird, es warten Ausblicke, die ihresgleichen suchen. Wenn das Wetter mitspielt, sind bis 250 Kilometer Fernsicht möglich.

Von der Münchner Stadtsilhouette über den Großglockner bis hin nach Innsbruck und zu den Dolomiten kann das Auge schweifen – bayerisches Voralpenland mit dem Staffelsee inklusive.

Im Winter heißt das höchstgelegene Skigebiet Deutschlands Skifahrer und Snowboarder willkommen, auf den traumhaften Hängen hoch über dem fernen Tal zu wedeln. Oder auch einfach nur innezuhalten, mit einem tiefen Atemzug die glasklare, klirrend kalte Luft zu atmen und dabei das einzigartige Panorama der schneebedeckten Bergwelt aufzunehmen.

Wie man sich auch fortbewegt, in jedem Fall laden auf dem Weg Hütten und Bergrestaurants zur Einkehr ein. Auf der Spitze werden Besucher mit einer Ausstellung belohnt, die sich rund um die Geschichte der Zugspitze dreht und besonders Technikinteressierte mit Informationen zum Bau der Zugspitzbahn erfreut. Der Eintritt ist übrigens kostenlos.

Auf dem Westgipfel der Zugspitze.

INFO BAYERISCHE ZUGSPITZBAHN: Einstieg Bergbahn: Olympiastr. 27, 82467 Garmisch-Partenkirchen, Einstieg Seilbahn: Am Eibsee 6, 82491 Greinau, Tel. (088 21) 79 70, www.zugspitze.de, Berg- und Talfahrt € 58, Kinder € 11 (Familientarif). **INFO TIROLER ZUGSPITZBAHN:** Obermoos 1, A-6632 Ehrwald, Tel. (00 43 56 73) 230 92 53, www.zugspitze.at, Berg- und Talfahrt € 46,50, Jugendliche (16–18 J.) € 37, Kinder (6–15 J.) € 28.

Das Oberallgäu lässt Berglerherzen höher schlagen: Gipfelstürmer auf dem Rubihorn östlich von Oberstdorf

Oberallgäu

Das Oberallgäu, der südlichste Landstrich Deutschlands, präsentiert sich so, wie sich vermutlich die meisten Menschen das Allgäu vorstellen: hochaufragende Gebirgszüge, steil abfallende Felswände, kristallklare Bergseen, sattgrüne Wiesen mit braunen Kühen, gurgelnde Bäche und im Winter schneebedeckte Gipfel mit zahllosen Skiliften und einem endlos scheinenden Netz von Loipen. Rund um die aus mehreren Dörfern bestehende Ortschaft **Bad Hindelang**, dem schicken **Oberstaufen** mit dem **Naturpark Nagelfluhkette** in der Nähe und vor allem **Oberstdorf** finden Wanderer, Kletterer und Wintersportler ein Idyll, in dem sie sich in idealer Weise verwirklichen können. So können Besucher von Oberstdorf aus zum **Heilbronner Weg** aufbrechen, einem Kammweg mit fantastischer Panoramaaussicht, mit einer der **Bergbahnen** auf das **Fellhorn** oder das **Nebelhorn** fahren, oder entlang der **Breitachklamm**, einer eindrucksvollen Felsenschlucht, spazieren gehen. Und nicht zuletzt findet kurz vor Silvester in der **Audi Arena** das Auftaktspringen der Vierschanzentournee statt.

Altusried ➡ D6

Die knapp zehntausend Einwohner große Ortschaft nordwestlich von Kempten liegt nur wenige hundert Meter von der Iller entfernt, die sich hier durch eine wellige Moränenlandschaft schlängelt. Nur wenige Touristen würden den Weg in diese Kleinstadt finden, wären da nicht die alle vier Jahre stattfindenden **Allgäuer Freilichtspiele Altusried**. Schon seit über 130 Jahren existiert das Festival, an dem jedes Mal auch hunderte Bürger aus Altusried und den angrenzenden Gemeinden Frauenzell, Kimratshofen, Krugzell und Muthmannshofen aktiv als Darsteller teilnehmen. Das Thema »Freiheit« bestimmt seit jeher die Auswahl der Stücke, und so ist es nicht verwunderlich, dass die erfolgreichste Aufführung die Darstellung des Freiheitskämpfers Andreas Hofer war. Die 5000 Quadratmeter große Freilichtbühne gehört zu den größten Deutschlands und kann in ihrem überdachten Tribünengebäude bis zu 2500 Zuschauer aufnehmen.

Dass die Altusrieder den Ruf inne haben, etwas »theaterverrückt« zu sein, erkennt man auch an der Energie, mit der das Theaterkästle betrieben und bespielt wird. Schon seit über 25 Jahren existiert das kleine Theater, das in einer umgebauten Turnhalle beheimatet ist.

Weitere Sehenswürdigkeiten in Altusried sind die 450 Jahre alte **Knochenstampfmühle**, die 1994 an ihrem alten Standort abgebrochen und am Koppach wiederaufgebaut wurde, und die **Naturkundliche Sammlung**, die die Flora und Fauna des Allgäus anschaulich präsentiert.

Seit 2007 verbindet – nicht weit vom **Illerdurchbruch** entfernt, einem Durchbruchstal mit imposanten Molassewänden – die 84,5 Meter lange **Hängebrücke Fischers-Pfosen** die beiden Ufer der Iller. Sie schließt

Aufführung von »Andreas Hofer« unter Mitwirkung der Einheimischen während der Allgäuer Freilichtspiele Altusried

seitdem eine Lücke im 200 Kilometer langen **Oberallgäuer Rundwanderweg**. Der führt von Altusried über Missen, Steibis, Balderschwang, Oberstdorf, Hindelang, Wertach und wieder zurück nach Altusried.

Tourist Information ➡ D6
Hauptstr. 18, 87452 Altusried
✆ (083 73) 70 51, www.altusried.de
Mo, Mi und Fr 9–12 und 16–18, Di und Do 9–12 Uhr

Naturkundliche Sammlung ➡ D6
Schulstr. 1, Altusried
Besichtigung nach Absprache mit der Tourist Information
Gut aufbereitete Sammlung mit Tieren aus der Region, die in ihrem natürlichen Umfeld dargestellt werden.

Knochenstampfmühle ➡ D6
Altusried
✆ (083 73) 662 (Siegfried Winkler) oder Tourist Information
Termine für Innenbesichtigung nur nach Absprache
Ein Industriedenkmal, in dem Knochen zu Mehl verarbeitet wurden.

Gasthaus zur Sonne ➡ D6
Kirchstr. 7, Altusried
✆ (083 73) 587, http://sonne-altusried.de

Altusried im Frühling, wenn der Löwenzahn blüht

Tägl. außer Mi/Do 10–24 Uhr
Traditionelles Gasthaus mit gehobener regionaler Küche, das sich auch bei Einheimischen großer Beliebtheit erfreut. €–€€

Alternativer Markt ➡ D6
Altusried, www.alternativer-markt-altus ried.de
Dieser Markt ist im ganzen Allgäu und darüber hinaus bekannt und findet jährlich statt, und zwar immer am Tag der Deutschen Einheit (3. Okt.) sowie am ersten Sonntag im Oktober. Hier gibt es viele Bio-, Töpferei- und Holzprodukte.

Allgäuer Freilichtspiele Altusried ➡ D6
Im Tal 17, Altusried
✆ (083 73) 922 00 (Kartenbüro Altusried)
www.allgaeuer-freilichtbuehne.de
Theater und Musikevents auf einer der schönsten Open-Air-Bühnen im Land. Die nächsten Freilichtspiele finden Juni–Aug. 2022 statt.

Kluftinger-Krimi-Führung
Altusried
Von Frühjahr bis Herbst, jeden 2. Fr um 16 Uhr, nur nach vorheriger Anmeldung bei der Tourist Information, Kosten € 5
Seit einigen Jahren gewinnt Altusried auch wegen der deutschlandweit erfolgreichen und mehrfach verfilmten Kluftinger-Krimis zunehmend an Aufmerksamkeit, denn die Autoren haben Altusried als Heimatort des Kommissars ausgewählt. Aus diesem Grund gibt es eine Kluftinger-Krimi-Tour, die die Teilnehmer zu den Krimi-Schauplätzen führt.

Theaterkästle Altusried ➡ D6
Hauptstr. 18, Altusried
✆ (083 73) 922 00 (Kartenbüro Altusried)
Mo–Fr 9–12 und 16–18 Uhr
Über 200 Amateurschauspieler führen Theaterstücke und Musicals auf.

Bad Hindelang ➡ G7
Reist man aus östlicher Richtung über die B 308 an, muss man sich auf etwas gefasst machen: 107 Kurven

Die Iller, ein knapp 150 km langer Nebenfluss der Donau, schlängelt sich an Altusried vorbei

Sonnenuntergang in den Bergen bei Bad Hindelang

müssen umfahren werden, um von den beiden Ortsteilen **Oberjoch** und **Unterjoch** in 1136 Metern Höhe über den **Oberjochpass**, der kurvenreichsten Straße Deutschlands, in den zentralen Ortsteil **Bad Hindelang** in 825 Metern Höhe hinab zu gelangen.

Wie im Bilderbuch erstreckt sich der Kurort mit seinen zum Teil gut erhaltenen **Schindelhäusern** im Ostrachtal nördlich der Kalkalpen. Die knapp 5000 Einwohner verteilen sich auf die oben bereits aufgeführten Ortsteile sowie auf **Vorderhindelang**, **Bad Oberdorf** und **Hinterstein**. Hinzu kommen jährlich ungefähr eine Million Besucher, die in den zahlreichen Hotels und Pensionen übernachten.

Vor allem bei Allergikern erfreut sich Bad Hindelang großer Beliebtheit, denn als erste Ortschaft im gesamten Alpenraum führt es das **Qualitätssiegel ECARF für Allergiefreundlichkeit**. Zahlreiche Hotels und Restaurants, aber auch Bäckereien, Metzger und Lebensmittelgeschäfte halten sich nun an die Richtlinien der Stiftung. Und da es schon von Natur aus in Hochgebirgsregionen weniger allergieauslösende Pollen gibt, können Allergiker relativ bedenkenlos auf den Wanderwegen durch das zu 80 Prozent unter Naturschutz stehende Gebiet der Gemeinde wandern, zum Beispiel vom im Winter auch als Skiort bekannten Ortsteil Oberjoch in die Tannheimer Alpen bis nach Tirol.

Tourist Information ➡ G7
Unterer Buigenweg 2, 87541 Bad Hindelang
✆ (083 24) 89 20, www.badhindelang.de
Mo–Fr 9–17, Sa/Fei 9–12 Uhr, So geschlossen

Kutschenmuseum ➡ G8
Im Schlauch 20, Bad Hindelang (OT Hinterstein)
Tägl. 8–20 Uhr, Eintritt frei, Spenden erwartet

Wunderschön beleuchtet – Die Stände beim Weihnachtsmarkt in Bad Hindelang

Nur zu Fuß in ca. 15 Min. erreichbar, empfehlenswerter Parkplatz: »Auf der Höh«
Dieses ungewöhnliche Museum hat seine Räumlichkeiten in einer kleinen Scheune, in der alte Kutschen zu sehen sind, und ausgestopfte Tiere und altertümlich gekleidete Schaufensterpuppen die Szenerie beleben.

Filialkirche St. Jodokus ➡ G8

Friedhofweg 3, Bad Hindelang (Bad Oberdorf)
✆ (083 24) 385, www.kirche-hindelang.de
Die katholische Filialkirche St. Jodokus wurde 1937/38 erbaut. Sehenswert ist vor allem da schöne Tafelbild »Unsere liebe Frau im Ostrachtal« von Hans Holbein d. Ä. aus dem Jahr 1493. Beeindruckend ist auch der Schnitzaltar aus dem Jahr 1519 von Hans Lederer.

Hammerschmieden ➡ G8

Schmittenweg 17, Bad Hindelang (Bad Oberdorf)
✆ (083 24) 12 30
www.hammerschmiede-badoberdorf.de
Mo–Fr 8.30–12 und 13.30–16, Sa 8.30–12 Uhr
sowie Hornweg 3, Bad Hindelang (Bad Oberdorf)
✆ (083 24) 581, www.hammerschmiede-scholl.de
Mo–Sa 10–12 Uhr, Eintritt frei
Als vor 600 Jahren im Hintersteiner Tal damit begonnen wurde, Erz abzubauen, entstanden im Ostrachtal zahlreiche Hammerschmieden. Heute gibt es nur noch drei

Auf der Buchel Alpe im Bad Hindelanger Ortsteil Unterjoch: Zum Allgäu gehört der Klang der Kuhschellen dazu

Alphornbläser aus Bad Hindelang-Oberjoch

davon. Bei Franz und Albert Scholl kann man zusehen, wie das alte Handwerk gepflegt wird und vor allem Pfannen und Schaufeln hergestellt werden.

Käserei »Alpe Kematsried« ➡ G8
Ornachstr. 29–33, Bad Hindelang (Oberjoch)
✆ (083 24) 76 98, www.haflingerhof.de
Idyllisches Landhotel, das sich besonders gut für Familien eignet, da fünf Haflinger für Ausritte bereitstehen. Außerdem Bio-Hofladen und Käserei.

Beim Sunnewirt ➡ G7
Marktstr. 15, Bad Hindelang
✆ (083 24) 89 70, www.hotel-sonne-hindelang.de
Tägl. 12–14 und 18–21.30 Uhr
Im Hotel »Sonne« gibt es klassische Allgäuer Küche, auf Wunsch auch gluten- und laktosefrei.

Fischen ➡ G/H7
Der heilklimatische Kurort Fischen liegt nur wenige Kilometer nördlich von Oberstdorf und ist das administrative Zentrum einer Gruppe von idyllisch gelegenen Dörfern, die auch unter dem Namen **Hörnerdörfer** bekannt sind. Etwa 7000 Einwohner leben in **Fischen, Bolsterlang, Obermaiselstein, Balderschwang** und **Ofterschwang**. Alle Orte erstrecken sich am Fuß der **Hörnergruppe**, einer bis zu 1787 Meter hohen Gipfelgruppe westlich des Illertals, die vom **Riedberger Horn** bis zum

Im Schnee versunken: Balderschwang im Allgäu

Ofterschwanger Horn reicht und bereits zum **Naturpark Nagelfluhkette** gehört. Hier kann man wunderbar – abseits des Massentourismus – wandern, radeln, Ski fahren und rodeln. Schönstes Dorf ist wohl das in einem Hochtal liegende Bergbauerndorf **Balderschwang**, das man über den **Riedbergpass**, Deutschlands höchsten befahrbaren Gebirgspass, erreicht.

Tourist Information Fischen ➡ G/H7
Am Anger 15, 87538 Fischen
✆ (083 26) 364 60, www.hoernerdoerfer.de
Mo–Fr 8–17, Sa 15–17, So 10–12 Uhr

Sturmannshöhle Obermaiselstein ➡ G/H7
www.hoernerdoerfer.de
Mo nach Ostern–Anf. Nov. tägl. 9.30–16.30, 9. Nov.–25. Dez. geschlossen, 26. Dez.–So nach Ostern Mi–So 11–16 Uhr (in den Schulferien auch Mo/Di), Eintritt € 4/2,50
Seit über 100 Jahren eröffnet sich dem Besucher eine Welt der Urzeit in 300 m Tiefe (und über 180 Stufen erreichbar): 120 Mio. Jahre alte Gesteinsformationen und ein tosender Höhlenbach hinterlassen einen bleibenden Eindruck.

Gasthof Krone ➡ G/H7
Auf der Insel 1, Fischen
✆ (08326) 404 95 75, http://gasthof-krone-fischen.de

Mi–So und Fei 11–22 Uhr
Traditionshaus mit regionaler und internationaler Küche. Große, teilweise überdachte Terrasse mit Panoramaaussicht. €€

Immenstadt ➡ G7
Die knapp 14 000 Einwohner zählende Kleinstadt besteht aus sieben Ortsteilen und erstreckt sich auf 724 Metern Höhe im Tal der Konstanzer Ach. Das Zentrum von Immenstadt ist in den letzten Jahren sehr schön hergerichtet worden. Viele Häuser erstrahlen in neuem Glanz. Plätze wurden herausgeputzt und mit Brunnen und Skulpturen ausgestattet. Herzstück ist das **Stadtschloss** am **Marienplatz**, das um 1550 errichtet wurde und dessen Schlosssaal sehenswerte Stuckarbeiten schmücken. Häufig finden hier Konzerte statt, außerdem hat die Tourist Information hier ihre Räumlichkeiten.

Eine Besonderheit von Immenstadt ist sicherlich der **Große Alpsee**, der mit 247 Hektar Wasseroberfläche größte Natursee des Allgäus. An seinem Südostufer breitet sich der kleine Ortsteil **Bühl am Alpsee** aus und lockt im Sommer zahlreiche Gäste an, die in das kühle Nass springen oder mit einem Segel- oder Tretboot den See erkunden wollen. Rings um den See verführen blühende Bergwiesen zu einem Spaziergang auf die umliegenden Gipfel.

Vom 1490 Meter hohen **Immenstädter Horn** ist die Aussicht auf den Alpsee besonders schön. Auf dem **Kalvarienberg** wohnt der Immenstädter gerne, und zum

Der Grünten bei Immenstadt

Alpe Mittag auf 1210 Metern

1452 Meter hohen **Mittag** fährt die längste Sesselbahn Bayerns.

Gleich mehrere Burgruinen in der Umgebung laden zur Besichtigung ein, wie die **Burgruine Laubenbergerstein,** die einen Kilometer nördlich von Immenstadt liegt.

Tourist-Information ➡ G7
Kirchplatz 7, (Stadtschloss), 87509 Immenstadt
www.alpsee-gruenten.de
Mo–Do 8–16, Fr 8–15, Sa 10–12 Uhr

Tourist Information im Alpseehaus ➡ G6
Seestr. 10, Bühl am Alpsee
✆ (083 23) 99 88 77, tägl. 10–18 Uhr

Allgäuer Bergbauernmuseum ➡ F6
Diepolz 44, Immenstadt (Diepolz)
✆ (083 20) 925 92 90, www.bergbauernmuseum.de
April–Okt. tägl. 10–18 Uhr, Eintritt € 6,50/4,20
Etwa 10 km nördlich von Immenstadt, im Ortsteil Diepolz, kann man hautnah erleben, wie das Leben vor 100 Jahren als Bergbauer aussah. Imkerei und Käserei, vor allem aber ein Streichelzoo und ein Erlebnisspielplatz lassen Kinderherzen höher schlagen.

Museum Hofmühle ➡ G7
An der Ach 14, Immenstadt
✆ (083 23) 36 63, https://museum-hofmuehle.de
Mi–So 14–17 Uhr, Eintritt € 3/2

Das Bergbauernmuseum bietet Interessantes zum Leben der Bergbauern

Schneepracht im Kleinwalsertal: Hirschegg

Sammlung des Heimatvereins in einer ehemaligen Mühle.

Zum Lustigen Hirsch ➡ F6
Akams 3, Immenstadt
✆ (08323) 49 15, https://lustiger-hirsch.de
Tägl. außer Di 9–1 Uhr
Gemütlicher Landgasthof mit Allgäuer Spezialitäten und tollem Ausblick, sowie mehreren Gästezimmern.

Kleinwalsertal ➡ H/J6
Das Kleinwalsertal mit den Ortschaften **Riezlern, Hirschegg, Mittelberg** und **Baad** liegt einige Kilometer südlich von Oberstdorf, gehört aber zu Vorarlberg in Österreich. Kurios ist, dass es aufgrund seiner Lage in den Allgäuer Alpen mit dem Auto nur über Deutschland zu erreichen ist. Der Name des Tals weist darauf hin, dass sich hier im 13. Jahrhundert Walser aus dem Oberwallis angesiedelt haben. Bereits im Jahr 1453 geriet das Tal unter die Herrschaft des Habsburger Herzogs Sigmund und blieb seitdem, bis auf wenige kurze Ausnahmen, österreichisch. Trotzdem gehört das Tal seit 1891 zum deutschen Zollgebiet, außerdem gilt der deutsche Mehrwertsteuersatz.

Das Kleinwalsertal ist Österreichs drittgrößte Tourismusdestination, zahlreiche Urlauber finden jedes Jahr den Weg in das an der **Breitach** gelegene Tal zwischen

Wandern und Wellness im Schoß der Alpen

KLEINWALSERTAL

Hirschegg, Vorarlberg

Am Anfang stand die Hoffnung auf eine neue Heimat. Vor etwa 700 Jahren siedelten Walliser Familien in das 1100 Meter hochgelegene Gebirgstal am Nordrand der Allgäuer Alpen um. Heute gilt das Kleinwalsertal als beliebter Ort für Sommerwanderungen und Wintersport.

Aus dem Tanntal im Kanton Wallis kommend, waren die ersten fünf ausgewanderten Großfamilien bereits begrenzte Täler inmitten der Bergwelten gewohnt. An ihrem neuen Ort erlangten sie, ähnlich wie andere ausgewanderte Walliser, als freie Bauern mit eigener Gerichtsbarkeit eine neue Lebensperspektive. Das Kleinwasertal zeichnete sich damals wie heute durch eine geografische Besonderheit aus: Es ist fast völlig von den Alpen umschlossen und nur von Oberstdorf in Deutschland aus zu erreichen, den Flugweg per Helikopter ausgenommen. Dadurch erlangte es einen Sonderstatus: politisch gehört es bis heute zu Österreich, aber es war bis zum Beitritt Österreichs zur Europäischen Union deutsches Wirtschaftsgebiet mit deutscher Briefmarke, Währung und Telefonanschlüssen mit deutscher Vorwahl.

Klettersteig im Kleinwalsertal.

Zur vorletzten Jahrhundertwende wandelte sich das Kleinwalsertal langsam zu einer Wanderattraktion für Sommerfrischler, bald lernten es auch Wintersportler zu schätzen. Das Tal wurde auch heilklimatisch genutzt: Dr. Max Backer ließ 1911 eine Hochgebirgsklinik für Lungenpatienten erbauen, die nicht mehr existiert aber seinerzeit viele deutsche Gäste anlockte. Heute steht im Tal eher Wellness auf dem Programm. Aktivurlauber finden beim Klettern, auf Mountainbikes und Wanderwegen im Sommer sowie auf Pisten, Langlaufloipen und im Crystal Ground Snowpark für Freestyler und Snowboarder im Winter Betätigung. Eine große Bergschau über dieses »Kleinod der Walser« gibt es gratis im Walserhaus in Hirschegg zu sehen.

Eine ganz neue Klientel soll unter dem Motto »Bee careful« in das Tal gelockt werden: Blühgärten und Insektenhotels machen aus der Region eine Oase für Wildbienen und andere Insekten. Damit will man dem Insektensterben entgegen wirken, schöner Nebeneffekt für die menschlichen Besucher ist der köstliche Honig, der u. a. in der regional ausgerichteten Gastronomie auf den zahlreichen Hütten der Genussregion zum Einsatz kommt.

INFO: Das Kleinwalsertal liegt 52 km südlich von Kempten (Allgäu) und 76 km östlich von Bregenz. **INFO KKLEINWALSERTAL:** Kleinwalsertal Tourismus, Walserstr. 264 (im Walserhaus), 6992 Hirschegg, Tel. (055 17) 51 14-0, www.kleinwalsertal.com. **INFO WALSERHAUS:** Walserstr. 264, 6992 Hirschegg, Tel. (055 17) 511 40.

Auf den Höhen des Kleinwalsertals

Kanzelwand, Hoher Ifen, Heuberg und **Walmendingerhorn**. Sie schätzen die wunderbaren Möglichkeiten, die das Gebiet ihnen für Aktivurlaub im Sommer wie im Winter bietet. Während es in der Hauptsaison in Riezlern am Anfang des Tals sehr lebendig zugeht, wird es von Ort zu Ort immer stiller. Am wenigsten ist in Baad am Ende des Tals los, hier gibt es auch keinen Skilift und keine Bergbahn. Im Sommer eignet sich der Ort sehr gut zum Wandern.

In der Zwischensaison, im Frühling und im Herbst, geht es im ganzen Tal sehr ruhig zu, viele Hotels haben in dieser Zeit sogar geschlossen.

Tourist Information ➡ J6
Walserstr. 264, A-6992 Hirschegg (im Walserhaus)
✆ +43 (055 17) 511 40, www.kleinwalsertal.com
Hauptsaison Mo–Fr 8–18, Sa/So 9–12, 15–18 Uhr
Nebensaison Mo–Fr 9–18, Sa/So 9–12 Uhr

Skimuseum ➡ J6
Walserstr. 264, Hirschegg
✆ +43 (055 17) 511 40
Mo–Fr 9–17 Uhr, Eintritt frei
Hauptsaison tägl. 9–17, Nebensaison Mo–Fr 9–17 Uhr
Eintritt frei
Das Skimuseum beleuchtet die Geschichte des alpinen Skilaufs. Es befindet sich im Haus der Tourist Information.

Walser-Museum ➡ H6
Walserstr. 254, Riezlern

Der Frühlingsenzian wird im Allgäuerischen auch Schusternägele genannt

✆ +43 (05517) 51 10 oder 57 16
Wegen Umbaus aktuell geschlossen
Im Heimatmuseum erfährt man mehr über die Geschichte des Tals, besonders sehenswert ist die originale Alphütte.

Sonna Alp ➡ J6
Walserstr. 376a, Mittelberg
✆ +43 (055 17) 32 38 32, www.sonna-alp.at
Tägl. 9.30–17 Uhr
Alprestaurant mit herrlicher Aussicht ins Kleinwalsertal. Der Zaferna Sessellift in Mittelberg bringt Besucher von 9–16.30 Uhr nach oben. €€

Wanderung auf das Gottesackerplateau ➡ H6
Das unter Naturschutz stehende Gottesackerplateau nördlich des Hohen Ifen ist eine karstige Hochebene aus Kalkstein, den Überresten eines 120 Mio. Jahren alten Korallenriffs. Eine Wanderung dorthin startet man am besten von der Bergstation des Hohen Ifen. Ziel könnte das 2085 m hohe **Hahnenköpfle** sein, von dem man eine schöne Aussicht auf das Plateau hat.

Oberstaufen ➡ G5
Die gut 7000 Einwohner zählende Ortschaft Oberstaufen mit ihrer wunderbaren Lage im Tal der Weißach ist ein Paradies für Urlauber, die Naturerlebnisse, Wellness und Wintersport miteinander verbinden wollen. Hübsch hergerichtete Bauernhäuser und vor allem

Dick eingepackt: Bei der Schroth-Kur ist Wärme besonders wichtig

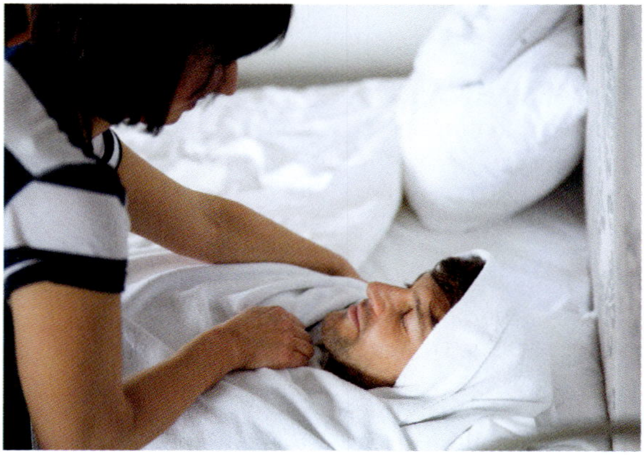

Alpenflora im Naturpark Nagelfluhkette

Eiscafés, schicke Restaurants, Hotels sowie die Vitrinen zahlreicher Edelboutiquen bestimmen das Ortszentrum.

Bekannt ist Oberstaufen vor allem wegen der **Schroth-Kur**, einem Naturheilverfahren, das im 19. Jahrhundert von Johann Schroth entwickelt wurde. Es handelt sich dabei um eine zwei- bis dreiwöchige Entgiftungskur, mit der die Selbstheilungskräfte stimuliert werden sollen. Eine Kombination aus Diät, Packungen, einem bestimmten Trinkverhalten und einem ausgewogenen Verhältnis von Ruhe und Bewegung sollen zum Ziel führen. Oberstaufen ist der einzige Ort, der offiziell als Schroth-Heilbad anerkannt ist. Die ansässigen Kur- und Wellnesshotels bieten aber natürlich auch zahlreiche andere Gesundheitspraktiken an.

Mitten im **Naturpark Nagelfluhkette** gelegen, bietet sich Oberstaufen in den wärmeren Monaten als Ausgangspunkt für Wanderungen zum **Hochgrat** an, dem Hausberg Oberstaufens und höchsten Berg des Naturparks. Wer in den Wintermonaten eine Pause vom Wellnessprogramm einlegen möchte, kann Pisten und kilometerlange Loipen nutzen.

i Tourist Information ➡ G5
Hugo-von-Königsegg-Str. 8, 87534 Oberstaufen

Auf dem Hochgrat

✆ (083 86) 930 00, www.oberstaufen.de
Mo–Fr 8.30–17.30, Sa 10–13 Uhr

Kräutergarten Artemisia ➡ F5
Hopfen 29, 88167 Stiefenhofen
https://artemisia.de, www.stiefenhofen.de
Pflanzenverkauf Mi–Fr 9–13 und 14–18, Sa 10–18 Uhr
Hofladen und Teestube Mi–Fr 14–18, Sa 10–18 Uhr
Das Dorf Stiefenhofen liegt 5 km nördlich von Oberstaufen und ist vor allem durch seinen 3,5 ha großen Kräutergarten ARTEMISIA im Ortsteil Hopfen bekannt. In einer gemütlichen Teestube kann man Kräutertee schlürfen. Der Garten ist durchgehend geöffnet.

Altstaufner Einkehr ➡ G5
Bahnhofstr. 4, Oberstaufen
✆ (083 86) 71 93, www.altstaufnereinkehr.de
Tägl. außer Mo 17–24 Uhr
Urgemütliches, unter Denkmalschutz stehendes Wirtshaus mit Klassikern aus der Region. Reservierung unbedingt empfehlenswert! €€

Naturpark Nagelfluhkette ➡ G5/6
www.nagelfluhkette.info
Die knapp 2000 m hohe Nagelfluhkette liegt an der Schnittstelle zwischen Allgäu und Bregenzerwald. Es setzt sich vor allem aus dem Nagelfluhgestein zusammen, das entfernt an Beton erinnert, und auch den Beinamen »Herrgottsgestein« trägt. Besonders beliebt sind Wanderungen auf dem Kamm der Kette, von dem aus man eine tolle Aussicht in beide Richtungen hat. Empfehlenswert ist beispielsweise die mittelschwere

Wanderung vom Hochgrat bei Oberstaufen bis zum Immenstädter Hausberg Mittag.

Sport- & Wellnesshotel Allgäu Sonne ➡ G5
Stießberg 1, Oberstaufen
✆ (083 86) 70 20, www.allgaeu-sonne.de
An einem sonnigen Südhang oberhalb Oberstaufens gelegen, bietet das Fünf-Sterne-Sport- und Wellnesshotel die perfekte Voraussetzung für einen entspannten Aufenthalt. Sportbegeisterte erwartet eine 235m² Fitnesswelt, inklusive vieler Sportkurse und organisierter Wanderungen. Das kreative Küchenteam bietet kulinarische Köstlichkeiten aus der Region. Mit allein 65 Einzelzimmern (von 149 Zimmern & Suiten insgesamt) ist die Allgäu Sonne auch ideal für Alleinreisende.

Mit ihren Flugkünsten umsegeln sie die höchsten Gipfel: Alpendohlen am Nebelhorn oberhalb von Oberstdorf

4 Oberstdorf ➡ H7
Ungefähr zweieinhalb Millionen Übernachtungen zählt Oberstdorf jedes Jahr und ist damit Deutschlands Tourismusdestination Nummer eins. Und viele Besucher

Almwiesen bei Oberstdorf

235 m² Fitnesswelt im Fünf-Sterne-Sport- & Wellnesshotel Allgäu Sonne in Oberstaufen

Bis zu zehn verschiedene Sportkurse werden täglich (Mo–Sa) in der Allgäu Sonne geboten

kommen wieder, weil es ihnen hier so gut gefällt. Die wundervolle Lage vor den Alpen mit dem Fellhorn und dem Nebelhorn, die im Süden steil aufsteigen, die etwas niedrigeren Gipfel auf der anderen Seite im Norden mit idyllischen Bergwiesen, die hervorragenden Wintersport- und Wanderbedingungen: All das macht das 11 000 Einwohner zählende Oberstdorf einen Besuch oder Aufenthalt wirklich wert. Das Erstaunliche dabei ist, dass trotz des Rummels und der vielen Souvenirgeschäfte, Kurhotels und Restaurants im Zentrum der dörfliche Charakter an manchen Stellen noch erhalten ist. Die Menschenmassen verlieren sich scheinbar in den Ortsteilen Kornau, Oberstdorf, Reichenbach, Rubi und Schöllang.

Nur wenn kurz vor Silvester die Vierschanzentournee startet und in Oberstdorf das Auftaktspringen stattfindet, ist hier der Teufel los. Dann ist die **Schattenbergschanze** in der **Audi Arena**, die 27 000 Zuschauer fasst, nicht zu besichtigen. Sonst kann man nämlich mit dem Aufzug auf die Panoramaplattform fahren und die herrliche Aussicht auf Oberstdorf genießen. Wer sich für die Geschichte des Ortes interessiert, sollte einen Blick ins **Heimatmuseum** werfen. Dort erfährt man auch mehr über den »Wilde-Mändle-Tanz«, einen uralten Brauch in Oberstdorf.

i Tourist Information ➡ H7
Prinzregentenplatz 1 (Oberstdorf-Haus)
87561 Oberstdorf
✆ (083 22) 70 00, www.oberstdorf.de
Mo–Fr 9–17, Sa 9.30–12 Uhr

Oberstdorf an einem sonnigen Nachmittag im Winter

Eingebettet in eine Postkartenlandschaft

Nebelhorn und Schattenbergschanze

Oberstdorf, Bayern

Raus auf den Bakken, abdrücken und runter. Dann abheben und 125 Meter später haben die Skispringer wieder festen Schnee unter den Brettern. Und das alles unter den Augen von Millionen, denn jedes Mal, wenn die Vierschanzentournee startet, blickt die Welt auf die Schattenbergschanze.

90 Meter über den Wollmützen und Daunenjacken sportbegeisterter Zuschauer machen sich die Mutigsten in Oberstdorf fertig zum Sprung: die Skisprung-Asse aus der ganzen Welt, die die Herausforderung der Schattenbergschanze annehmen. Mit insgesamt fünf Schanzen und einer großen Tribüne wurde die imposante Schattenberganlage an den gleichnamigen Berg gebaut. Auch wenn die modernen Fernsehübertragungen keinen Winkel unbeobachtet lassen, wer sich selbst die Mühe macht und auf die Schanze steigt und dann einen Blick hinunter wirft, wird noch mehr Respekt vor diesen Athleten haben. Wem die 90-Meter-Schanze nicht reicht, der sollte noch einen Blick von der benachbarten Heini-Klopfer-Skiflugschanze werfen, eine der größten der Welt.

Wer noch höher hinaus und dabei außerdem frische Bergluft schnuppern möchte, der sollte sich an einem ganz besonderen Berg versuchen, nämlich am Nebelhorn: Die höchste Seilbahn des Allgäus fährt auf den 2214 Meter hohen Gipfel. Dort oben hat man die Chance, 400 Gipfel gleichzeitig zu sehen. Vor allem Sportler sind hier in ihrem Element. Wanderwege, Klettersteige und die Möglichkeit zum Gleitschirm- oder Drachenfliegen lassen aktive Herzen höher schlagen.

Spektakuläre Aussichten: der Hindelanger Klettersteig am Nebelhorn.

Die besondere Attraktion auf dem Nebelhorn ist der Flying Fox, eine 300 Meter lange Seilrutsche, die Kindern und Erwachsenen das ganze Jahr Vergnügen bietet. Auf der knapp drei Kilometer langen Naturrodelbahn lässt es sich auch schnell wie der Wind von der Seealpe ins Tal hinabsausen.

Im Winter lädt das höchste Skigebiet im Allgäu dazu ein, sich auf die längste Talabfahrt Deutschlands mit siebeneinhalb Kilometern Länge zu begeben. Ein fantastisches Erlebnis in einer atemberaubenden Landschaft. Das Nebelhorn ist auch Rollstuhlfahrern zugänglich, denn im Jahr 2005 wurde an der Station Höfatsblick ein neuer, behindertengerechter Panoramaweg angelegt.

Info Nebelhorn: Das Nebelhorn liegt ca. 140 km südlich von Ulm. **Tourist Information Oberstdorf:** Prinzregentenplatz 1, 87561 Oberstdorf, Tel. (083 22) 70 00, www.oberstdorf.de. **Info Schattenbergschanze:** Am Faltenbach 27, 87561 Oberstdorf, www.audiarena.de, Besichtigung der Schattenbergschanze (Audi Arena) tägl. 10–17/18 Uhr.

Heimatmuseum ➡ H7
Oststr. 13, Oberstdorf
✆ (083 22) 54 70, www.heimatmuseum-oberstdorf.de
Di–Sa 10–12 und 14–17.30, So/Fei nur an Regentagen (im April/Mai und Nov./Dez. eingeschränkte Öffnungszeiten), Eintritt € 3/2
Museum zur Ortsgeschichte.

Schattenbergschanze ➡ H7
Am Faltenbach 27, Oberstdorf
✆ (083 22) 809 03 00, www.audiarena.de
Mai–14. Sept. tägl. 10–18, 15. Sept.–April tägl. 10–17 Uhr, Eintritt € 6/3
Der Eintritt beinhaltet auch den Besuch des Skimuseums. Mit Glück kann man im Winter zusehen, wie auf einer der fünf Schanzen trainiert wird.

Skiflugschanze-Oberstdorf ➡ H7
Zimmeroy 1, Oberstdorf
✆ (08322) 700 52 01, www.skiflugschanze-oberstdorf.de
April–Okt. tägl. 9.30–17.30, Nov.–März tägl. 9.30–16.30 Uhr, € 11/8,50 (mit Auffahrt Sessellift)
Die 2016 umgebaute Skiflugschanze Oberstdorf, auch bekannt als Heini-Klopfer-Schanze, gehört zu den größten Skisprungschanzen der Welt und steht etwa 4 km südlich von Oberstdorf im Stillachtal. Touristen können mit einem Fahrstuhl auf die Aussichtsplattform des schräg stehenden Sprungturms fahren und die grandiose Aussicht genießen.

Mit der Fellhornbahn geht es bequem hinauf bis auf 1785 Meter

Spezerei Oberstdorf ➡ H7
Freiherr-von-Brutscher-Str. 1, Oberstdorf

Informiert über die Stadtgeschichte: Das Heimatmuseum in Oberstdorf

Skisprungschanzen bei Oberstdorf

✆ (0176) 10 34 99 23, www.spezerei-oberstdorf.de
Mi/Do 14–22, Fr/Sa 10–23, So/Fei 10–22 Uhr
Hier kann man den ganzen Tag (nicht nur) frühstücken. Regionale Bioprodukte werden bevorzugt serviert. €€

5 Breitachklamm ➡ H7
Klammstr. 47, Tiefenbach
✆ (083 22) 98 76 70, www.breitachklamm.com
Sommer 9–17, Winter 9–16 Uhr (während der Schneeschmelze geschl.), Eintritt € 5/2
Etwa 7 km westlich von Oberstdorf stürzt sich die Breitach bei Tiefenbach donnernd durch die tiefste Schlucht Deutschlands.

Ihre Geschichte beginnt vor etwa 10 000 Jahren mit dem Abschmelzen des Breitachgletschers. Das abfließende Wasser musste sich einen Weg suchen und fraß sich mit der Zeit bis zu hundert Meter tief ins Gestein. Dementsprechend hoch sind heute die senkrechten, teilweise überhängenden Felswände, an denen schon vor über hundert Jahren ein schmaler Weg angebracht wurde. Von diesem können Besucher auch heute aus nächster Nähe die Gewalt erleben, mit der der Fluss durch das Gestein kracht. Ganz besonders stimmungsvoll ist der Besuch im Rahmen einer Fackelwanderung, die manchmal angeboten wird.

Bergbahnen
www.das-hoechste.de
verschiedene Betriebszeiten, meistens Mai–Okt.
Insgesamt gibt es sechs Bergbahnen im Kleinwalsertal und bei Oberstdorf: die Fellhornbahn, die Ifenbahn, die Kanzelwandbahn, die Nebelhornbahn, die Söllereckbahn und die Walmendingerhornbahn.

Nach Auffahrt mit der Kanzelwandbahn geht's zum Mindelheimer Klettersteig

Rauschendes Wildwasser und Winterwunderland

BREITACHKLAMM

Oberstdorf, Bayern

Die tiefste Felsenschlucht Mitteleuropas beeindruckt im Sommer mit dem rauschenden Wildwasser der Breitach, das sich zwischen hoch aufragenden Felswänden seinen Weg sucht. Darüber verläuft ein gesicherter Weg, der zu mehr oder weniger langen Wanderungen durch die 2,2 Kilometer lange Schlucht einlädt. Eine Stunde etwa dauert der Fußweg vom Parkplatz bis zum oberen Ende der Klamm. An der Bergkasse ist ein Weg zum Gasthaus Walserschanze im Kleinwalsertal ausgeschildert, das derzeit nicht bewirtschaftet wird. Von dort aus fährt aber ein Bus wieder zurück nach Oberstdorf, oder, wer noch Kondition hat, läuft den Weg zurück durch die Klamm. Natürlich kann man die Wanderung auch in entgegengesetzter Richtung unternehmen und direkt an der Bergkasse in die Schlucht einsteigen. Dann lohnt sich im Tal eine Pause im Gasthaus Breitachklamm, das allerdings im Sommer sehr stark frequentiert ist.

Die Breitachklamm ist die tiefste Felsenschlucht Mitteleuropas.

Im Winter geht es an der Breitach etwas ruhiger zu. Dann faszinieren bizarre Formationen des gefrorenen Wassers die Besucher der Schlucht und lange Eiszapfen erstarrter Wasserfälle verzieren die Felsen. Ein Anblick wie aus einem Märchenfilm, das Tosen des Flusses ist verstummt, ein Winterwunderland sondergleichen! Dienstags und freitags finden im Winter am frühen Abend Fackelwanderungen statt, die das Eis der Breitach in ein besonderes Licht tauchen. Im Feuerschein funkeln Schneekristalle und Eisgebilde werfen geheimnisvolle Schatten.

Für alle, die wissen wollen, wie die Schlucht zustande kam, gibt es eine interaktive Ausstellung im Eingangsbereich der Klamm in Tiefenbach. Diese Bergschau gibt auch Auskunft über die komplexe Ökologie. Die Entstehung der Schlucht liegt etwa 10 000 Jahre zurück, als der Breitachgletscher anfing zu schmelzen und sich das Wasser langsam seinen Weg durch die Felsen bahnte.

Dank des Engagements des Tiefenbacher Pfarrers Johannes Schiebel wurde die Schlucht 1905 für Besucher zugänglich gemacht und war schon bald ein beliebtes Ausflugsziel, was der bettelarmen Bevölkerung von Tiefenbach, heute ein Teil von Oberstdorf, auf die Beine half. Jährlich zählt die Breitachklamm über 300 000 Besucher.

INFO: Der Parkplatz zur Breitachklamm befindet sich rund 7 km westlich von Oberstdorf. **INFO BREITACHKLAMM:** Klammstr. 47, 87561 Oberstdorf/OT Tiefenbach, Tel. (083 22) 98 76 70, www.breitachklamm.com, Öffnungszeiten tägl. Sommer 9–18, Winter 9–17 Uhr, letzter Einlass 1 Std. vor Schließzeit, Herbst und Frühling jeweils einige Wochen geschl. Eintritt € 5, Kinder € 2. **INFO GASTHAUS BREITACHKLAMM:** Klammstr. 45/46, Oberstdorf, Tel. (083 22) 46 43, www.gasthaus-breitachklamm.de, Mo/Di, Do 9/10–18, Fr–So 9/10–20 Uhr.

Naturarbeit: Mit fast 100 Meter hohen, senkrechten und überhängenden Wänden ist die Breitachklamm sehr beeindruckend

Topfguckertag unter der Haube

Restaurant Tannheimer Stube Hohenfels

Tannheim, Tirol

Urlaub mit Nutzwert. Die Küche der Tannheimer Stube gibt ihre besten Tipps und Rezepte preis. Gäste erfahren während ihres Aufenthalts, wie sie das – an ihrem Wohnort, wohlgemerkt – mit den frischen Zutaten regeln können, wie ein guter Lebensmitteleinkauf funktioniert, Nudeln und Teigwaren selbst zubereitet werden und wie man ein Vier-Gänge-Menü plant.

Spitzenköche prägten die Küche der lichtdurchfluteten »Tannheimer Stube« mit ihrem hell getäfelten Holz schon seit geraumer Zeit und festigten ihren überregionalen Ruf.

Für eine aromaintensive mediterrane Küche aus lokalen Zutaten vom Tannheimer Tal sorgte ab 2009 Raffaelle Cannizzaro, seinerzeit mit einem Michelin-Stern und drei Gault-Millau-Hauben gekrönt. Er brachte das Feinschmeckerrestaurant nach dem Motto »Das Produkt, nicht der Koch ist der Star in der Küche« auf ein hohes Niveau.

Tannheimer Stube im Landhotel Hohenfels.

Seit seinem Amtsantritt 2013 ergänzt Chefkoch Markus Pichler mit seiner »Brigade« das nach wie vor beliebte Angebot der leichten mediterranen Küche durch seine kreativen Interpretationen österreichischer und internationaler Gerichte nach dem Motto »Österreich trifft Mittelmeer«. Gekocht wird ausschließlich mit regionalen Zutaten aus der Umgebung. Drei Hauben und 17 Punkte bei Gault-Millau sind ein deutliches Zeichen für gehobene Kulinarik, sogar noch mit Tendenz weiter nach oben.

Das Tannheimer Tal ist ein idyllisch gelegenes Hochtal an der Grenze zwischen Bayern und Tirol. An seiner schönsten Stelle, auf einer kleinen Anhöhe und umrahmt von Wiesen, thront das Landhotel Hohenfels. Dessen »Tannheimer Stube« gehört zu den besten Tiroler Restaurants, ein Ort für Anhänger anspruchsvoller Küche.

Das Landhotel bietet seinen Gästen neben dem hervorragenden Restaurant geführte Wanderungen, Wellnessbehandlungen und familiäre Betreuung.

Info: Tannheim liegt ca. 120 km nordwestlich von Innsbruck nahe der deutschen Grenze zum Allgäu. **Info Restaurant Tannheimer Stube Hohenfels:** Kreuzgasse 8, 6675 Tannheim, Tel. (056 75) 62 86, www.hohenfels.at, Öffnungszeiten Do–So 18.30–23 Uhr, Übernachtungsgäste können auch an den Ruhetagen in der Tannheimer Stube essen, Reservierung empfohlen, Preise auf Anfrage.

Kempten

Die Hochschulstadt **Kempten** ➡ E7 mit rund 65 000 Einwohnern ist nicht nur die mit Abstand größte Stadt des Allgäus, sondern auch Wirtschafts- und Kulturmetropole der Region. Aus diesem Grund trägt Kempten auch den inoffiziellen Beinamen »Hauptstadt des Allgäus«.

In einer Höhe von bis zu 915 Metern gelegen, erstreckt sie sich idyllisch an den Ufern der Iller. Die vitale Altstadt mit zahlreichen historischen Bauten lädt zu ausgedehnten Erkundungsspaziergängen ein. Eine lebendige Kneipenszene und ein reichhaltiges Kulturprogramm machen die Stadt auch abends attraktiv. Als Ausgangspunkt für Ausflüge in die Umgebung eignet sich Kempten sowieso, sei es in die Voralpenlandschaft rund um Oberstdorf, in den Königswinkel nach Füssen, an den Bodensee nach Lindau oder zur berühmten Benediktinerabtei in Ottobeuren.

Geschichte

Kempten zählt zu den ältesten Städten Deutschlands. Seine Geschichte reicht bis in das Jahr 15 v. Chr. zurück, als eine keltische Siedlung von den Römern eingenommen wurde. Schon bald entstand auf dem Lindenberg eine neue Stadt nach römischem Vorbild, die den alten Namen *Kambodounon* beziehungsweise *Cambodunum* beibehielt. Nach einem Überfall der Alemannen und damit verbundenen, größeren Zerstörungen im 3. Jahrhundert wurde der Platz stark befestigt am Fuß der zu der Zeit noch von der Iller umflossenen Burghalde wieder aufgebaut. Die Römer wählten die Stadt, die nun *Cambidanum* genannt wurde, als Stützpunkt für die dritte Legion.

Kopie des »Augustus von Primaporta« im Archäologischen Park Cambodunum, Kempten (Original in den Vatikanischen Museen, Rom)

Nach dem Abzug der Römer gründeten Mönche aus St. Gallen im Jahre 752 ein Kloster, das sich im Laufe der Zeit zum wohlhabendsten und bedeutendsten Kloster im Allgäu entwickelte. 1213 belehnte der Staufer Kaiser Friedrich II. den Abt des mittlerweile von Kaiser Karl IV. zum Fürststift erhobenen Klosters mit der Grafschaft Kempten, der damit zum souveränen Reichsfürsten aufgestiegen war. Im Laufe der kommenden Jahrhunderte beanspruchten jedoch die Bürger, die unter anderem aufgrund des Fernhandels mit Salz sowie mit Leinenstoffen und Schmiedeerzeugnissen zu

Mit Zwiebelturm und markantem Treppengiebel: das Kemptener Rathaus von 1474

Reichtum gekommen waren, immer mehr Macht und Einfluss. Gewaltsame Auseinandersetzungen waren die Folge. Erst der »Große Kauf« im Jahre 1525 befriedete die verfeindeten Parteien, als der Fürstabt seine Besitz- und Nutzungsrechte innerhalb der Reichsstadt aufgab.

Nach der Reformation und dem Dreißigjährigen Krieg, in dem auch Kempten nicht von Zerstörungen verschont blieb und neu aufgebaut werden musste, teilte man das Stadtgebiet klar auf. Die Folge war die Entstehung einer »Doppelstadt«: zum einen die Stiftstadt rund um die Abtei, zum anderen die Reichsstadt. Diese Aufteilung ist bis heute noch deutlich sichtbar. Erst im Zuge der Säkularisierung zu Beginn des 19. Jahrhunderts vereinigten sich die beiden Städte.

Heinrich von Kempten – Wandmalerei an der Fassade des Rathauses

Stadtrundgang

Ein Stadtrundgang kann beispielsweise im 6 **Archäologischen Park Cambodunum** ➡ bB3 auf dem Lindenberg beginnen. Hier wird die über 2000 Jahre alte Geschichte Kemptens erfahrbar, die seit über 100 Jahren in zahllosen Ausgrabungen erforscht wurde. So weiß man heute, das die Römerstadt *Cambodunum* im 1. Jahrhundert n. Chr. das zivile Verwaltungszentrum und Sitz des Statthalters der Provinz Rätiens war. Im **Gallorömischen Tempelbezirk** mit seinen 13 rekonstruierten Kultbauten erfährt man vor allem etwas über die religiösen Kulte der Römer. An den überdachten **Kleinen Thermen** – übrigens eine Badeanlage, die nur

St.-Mang-Kirche und St.-Mang-Platz

für den Statthalter, seinen Stab und seine Gäste gedacht war – lernt man etwas über die römische Badekultur. Im **Forum/Basilika** ahnt man in Anbetracht der Größe der jeweiligen Grundmauern, wie bedeutend die Stadt damals gewesen sein muss.

Von den Ursprüngen Kemptens erzählt auch die **Burghalde** ➡ bC3, die einst von der Iller umflossen wurde, bevor sie im 13. Jahrhundert auf den heutigen Verlauf umgeleitet wurde. Im 3. Jahrhundert errichteten die Römer an dieser Stelle ein Kastell, später residierten hier die Klostervögte in einer Burg, die 1705 geschleift wurde. Übrig blieb nur der gotische Burgturm, in dem seit einiger Zeit das **Allgäuer Burgenmuseum** ➡ bC3 seinen Sitz hat und über die Geschichte zahlreicher Allgäuer Burgen informiert.

Sehr hübsch anzusehen ist die gotische **Kirche St. Mang** ➡ bC3, die gleich mehrfach zerstört und wieder aufgebaut wurde. Das heutige Gebäude wurde im 15. Jahrhundert errichtet, die unteren Teile des Turms stammen noch aus romanischer Zeit. Die Kirche steht auf dem **St.-Mang-Platz**, dessen Mittelpunkt ein **Jugendstilbrunnen** ziert. Beachtenswert ist auch die **Erasmuskapelle** ➡ bC3, die im Zuge der Neugestaltung des Platzes entdeckt wurde. 23 Stufen führen hinab in den Schauraum mit Multivisionsshow, der im erhaltenen Untergeschoss der Kapelle eingerichtet wurde.

Von hier aus ist es nicht weit zum **Rathausplatz** ➡ bB3, der vom **Rathaus** mit Treppengiebel und Patrizierhäusern bestimmt wird. Das Rathaus stammt aus

Weihnachtsmarkt auf dem Rathausplatz

Römisches Flair im Allgäu

Fürstäbtliche Residenz

Kempten, Bayern

Wer nach Kempten im Allgäu reist, besucht eine der ältesten Städte Deutschlands. Mit 674 Metern über dem Meeresspiegel gehört der Ort am Nordrand der Alpen auch zu den höchstgelegenen deutschen Städten mit mehr als 50 000 Einwohnern. Kempten blickt auf eine über 2000-jährige Geschichte zurück. Zwar fehlen bislang die archäologischen Nachweise, doch vermutlich war die heutige Hochschulstadt, die inzwischen 66 000 Einwohner zählt, schon in vorrömischer Zeit als größere Siedlung angelegt. Sicher ist die Existenz eines keltischen Siedlungsgebiets mit dem Namen Cambodunum im 15. Jahrhundert v. Chr. Etwa hundert Jahre später fungierte das Städtchen wahrscheinlich als Sitz des Statthalters der Provinz Rätien.

Nicht minder lohnenswert ist ein Besuch der Fürstäbtlichen Residenz, einem ehemaligen Benediktinerkloster. Nach der Zerstörung im Dreißigjährigen Krieg durch die Schweden ließ Fürstabt Roman Giel von Gielsberg das Gebäude in seiner jetzigen Form 1651 bis 1666 errichten. Die hohen Räume und die breiten Flure beherbergen heute das Amtsgericht, das Landgericht und die Staatsanwaltschaft Kempten. Einige der kunstvoll stuckverzierten Prunkräume im Stil des schwäbisch-bayerischen Rokoko werden von der Bayerischen Schlösserverwaltung genutzt und sind im Rahmen von Führungen zugänglich.

Wer einen lauen Sommerabend auf der Terrasse eines Lokals in der historischen Altstadt mit ihren teils jahrhundertealten Wohnhäusern verbringt, ahnt, warum die Stadtverwaltung den Rathausplatz mit einer italienischen Piazza vergleicht: Auf jedem zweiten Tisch steht ein Latte Macchiato, stehen Teller mit Pizza, die entspannten Cafébesucher tragen Sonnenbrillen – eine Spur römischen Flairs scheint sich eben auch in Kempten über all die Jahrhunderte erhalten zu haben.

Stuckverzierter schwäbisch-bayerischer Rokoko: Audienzzimmer der Fürstäbtlichen Residenz in Kempten.

Info: Kempten liegt im Süden Deutschlands am nördlichen Rand der Alpen im Allgäu. **Info Kempten:** Tourist Information Kempten, Rathausplatz 24, 87435 Kempten, Tel. (08 31) 960 95 50 , www.kempten-tourismus.de. **Info Fürstäbtliche Residenz:** Residenzplatz 4–6, Kempten, Tel. (08 31) 256 12 51, www.schloesser.bayern.de, Öffnungszeiten April–Sept. Di–So 9–16, Okt. Di–So 10–16, Nov., Jan.–März Sa/So 10–16, Dez. tägl. 12.15–16 Uhr, Besichtigung nur im Rahmen einer Führung (alle 45 Min.) möglich, Eintritt € 3,50, ermäßigt € 2,50.

dem 15. Jahrhundert, wurde aber mehrfach umgebaut. Die Wandmalerei an der Fassade soll übrigens Heinrich von Kempten darstellen, eine Gestalt aus einer mittelhochdeutschen Verserzählung von Konrad von Würzburg.

Über die **Kronenstraße** mit barocken **König'schen Häusern** (Nr. 29 und 31) ➡ bB3 geht es weiter zum **Residenzplatz** ➡ bB2 mit der mächtigen **Residenz**, dem 1652 errichteten Sitz der Fürstäbte und des Benediktinerklosters. Besonders sehenswert sind hier die Prunkräume, die zwischen 1732 und 1742 im späten Régencestil und im Stil des Rokoko gestaltet wurden. Hinter der Residenz erstreckt sich der ursprünglich in drei Terrassen angelegte Hofgarten mit der **Orangerie**, in der heute die Stadtbibliothek untergebracht ist. Über den Hofgarten gelangt man auch zum 1730 erbauten **Marstall**, einem lang gestreckten Barockbau, in dem inzwischen das **Alpinmuseum** und die **Alpenländische Galerie** ihre Räumlichkeiten haben. Hier bekommt man einen wunderbaren Überblick über die Besiedlungsgeschichte der Alpen und die Entwicklung des Alpinismus.

Zum Ensemble der Residenz gehört auch die 1652 erbaute **St. Lorenz-Basilika** ➡ bB2, der erste große Kirchenbau Süddeutschlands nach dem Dreißigjährigen Krieg. Ins Auge fällt die eindrucksvolle Doppelturmfassade, deren Fertigstellung sich bis ins 19. Jahrhundert hinauszog, und die mächtige Kuppel über dem Chorraum. Im Innern der Kirche sind vor allem die

Weithin sichtbar prägt sie das Stadtbild: die St. Lorenz-Basilika in Kempten

Stadtbibliothek in der Orangerie

Rokokoaltäre sowie das geschnitzte Chorgestühl mit seltenen Scagliolaplatten, einer besonderen Art von Stuckmarmor, beachtenswert.

Nicht auslassen sollte ein Besucher auch das **Allgäu-Museum** ➡ bB2 im Kornhaus, das in seiner großzügigen Ausstellung über die Geschichte des Allgäus informiert. Zum Abschluss eines Rundgangs lohnt es außerdem, noch kurz durch die ehemalige **Stiftstadt** mit ihren verwinkelten Gassen, hübschen Fachwerkhäusern, ehemaligen Herbergen und alten Bauernhäusern zu schlendern.

Tourist Information ➡ bB3
Rathausplatz 24, 87435 Kempten
✆ (08 31) 960 95 50, www.kempten-tourismus.de
Mai–Okt. Mo–Fr 9–17, Sa 10–13, Nov.–April Mo–Fr 9–17 Uhr
Sehr empfehlenswert ist der Erwerb des Museumspasses für € 11/20 (Familien), mit dem man die meisten Museen von Kempten besuchen kann. In vielen Museen ist der Eintritt am 1. So im Monat frei.

Allgäuer Burgenmuseum ➡ bC3
Burghalde 1, Kempten
✆ (08 31) 512 14 68, www.allgaeuer-burgenmuseum.de, Sa/So/Fei 10–16 Uhr, Eintritt € 3/2

Zumsteinhaus am Residenzplatz

Einblicke in die Lebenswelt Allgäuer Adeliger im Mittelalter.

Allgäu-Museum ➡ bB2
Großer Kornhausplatz 1, Kempten
✆ (08 31) 540 21 20, www.allgaeu-museum.de
Juni–Aug. Di–Fr 10–16, Sa/So 10–17, Sept.–Mai tägl. außer Mo 10–16 Uhr, Eintritt € 4/2
Das Museum wirbt mit einer »Zeitreise durch Epochen«.

Alpin-Museum ➡ bB2
Landwehrstr. 4, Kempten
✆ (08 31) 252 57 40, www.kempten-tourismus.de
Di–So 10–16 Uhr, Eintritt € 4/2
Die größte alpingeschichtliche Ausstellung Europas. Wichtigste Aspekte sind die Alpen als Lebensraum, die Entwicklung des Alpinismus und religiöse Kunst.

6 **Archäologischer Park Cambodunum** ➡ bB3
Cambodunumweg 3, Kempten
✆ (08 31) 252 53 69, www.kempten-tourismus.de
März–Nov. tägl. außer Mo 10–17 Uhr, Eintritt € 4/2
Der Archäologische Park lässt die Römerstadt Cambodunum aus dem 2. Jahrzehnt n. Chr. wieder lebendig werden.

Schauraum Erasmuskapelle ➡ bC3
St.-Mang-Platz, Kempten
✆ (08 31) 960 22 02, www.kempten-tourismus.de
Tägl. außer Mi 11–18 Uhr jeweils zur vollen Stunde
Eintritt € 4/2

Stationen der Stadtgeschichte in einer Multimediashow im Keller der Erasmuskapelle.

Prunkräume in der Residenz ➡ bB2
Residenzplatz 4–6, Kempten
✆ (08 31) 256 12 51
April–Sept. tägl. 9–16, Okt. 10–16, Nov., Jan.–März Sa/So 10–16, 1.–22. Dez. tägl. 12.15–16 Uhr, € 3,50/2,50
Besichtigung der Prunkräume nur mit Führung (alle 45 Min.).

Lenz im Hirsch ➡ bB5
Lenzfrieder Str. 55, Kempten
✆ (08 31) 57 40 00, www.fuerstenhof-kempten.de
Tägl. ab 18 Uhr
Beliebtes Restaurant im Landgasthof Hirsch mit wechselnder Tageskarte. Hauptsächlich hausgemachte, bodenständige Allgäuer Gerichte aus regionalen (Bio-) Produkten, exzellente Weinauswahl. €€

Schalander ➡ bB3
Fischersteige 9, Kempten
✆ (08 31) 168 66, www.schalander-kempten.de
Tägl. außer So 11–23 Uhr
Stadtbekanntes Traditionshaus mit deutscher und Allgäuer Küche. Die Produkte stammen vorzugsweise aus der Region. €€

Archäologischer Park Cambodunum

Pano ➡ bB3
Fischersteige 8, Kempten
✆ (08 31) 54 02 95 80, www.pano.coop
Mo–Sa 8.30–19, So 9–19 Uhr
Café-Bäckerei einer Kooperative, in der man natürlich auch leckeres Brot und frischen Kuchen zum Mitnehmen kaufen kann. Mit gemütlicher Straßenterrasse.

Kletterzentrum swoboda alpin ➡ bD1
Aybühlweg 69, Kempten
✆ (08 31) 570 09 70, www.dav-kempten.de
Mo–Fr 11–22.30, Sa 9–22.30, So/Fei 9–21, Ferien ab 9 Uhr, ab € 14/12
Das 2017 eröffnete Kletterzentrum gehört zu den größten und modernsten Anlagen Deutschlands und bietet Anfängern wie Fortgeschrittenen ideale Bedingungen für das Klettern, sei es in der Halle oder an der Kletterwand im Außenbereich.

Hoteltipp:

Ferienhof & Baumhaushotel Allgäu ➡ E8
Kaisersmad 6, 87488 Betzigau
✆ (08 304) 929 17 25, www.baumhaushotel-allgaeu.de
Vier Baumhäuser bieten einen Baumhausurlaub mit besonderem Komfort. Ungestört und fast uneinsehbar erlebt man einen unvergesslichen Urlaub. Auf der großen Veranda kann man unter freiem Himmel sitzen und dem Zirben der Grillen oder reichlichem Vogelgezwitscher lauschen. Urlaub mitten in der Natur.

Ein Mekka für Kletterbegeisterte: das Kletterzentrum swoboda alpin

Kommen Sie rauf ins Grüne im Baumhaus »Weitblick«

Westallgäu

Das Westallgäu erstreckt sich von den sanft geschwungenen Hügeln und weiten Tälern im Norden bis hin zu den hochaufragenden Gipfeln der Alpen im Süden und im Südwesten bis zum **Bodensee**. Inmitten der Mosaiklandschaft aus dichten Wäldern, saftigen Wiesen, Bächen und Moorseen bestimmen die drei Städte **Lindau, Isny** und **Wangen** mit ihren historischen Zentren und einem reichen Kulturangebot das urbane Leben der Region. Der größte Teil des Westallgäus ist schwäbisch, bayrisch ist nur der Süden. Auf einer Besichtigungstour sollte man den **Eistobel** bei Grünenbach nicht auslassen, eine teils 50 Meter tiefe Schlucht mit mehreren Wasserfällen. Auch die Gemeinde **Wolfegg** mit einem **Automobilmuseum** und der gut erhaltenen **Waldburg** in der Nähe sind einen Besuch wert.

Bad Wurzach ➡ D4/5
Die kleine Stadt Bad Wurzach ist das einzige **Moorheilbad** im Allgäu, das über eine eigene Thermalquelle verfügt und das Prädikat »Staatlich anerkanntes Moorheilbad« trägt. In unmittelbarer Nachbarschaft erstreckt sich das **Wurzacher Ried**, die mit 14 Quadratkilometern größte intakte Hochmoorfläche Mitteleuropas.

Im Frühling ist das Westallgäu für kurze Zeit nicht grün, sondern gelb: Dann bringt ein Blütenmeer aus Löwenzahn die Wiesen zum Leuchten

Wahrzeichen der Stadt: Das im 18. Jh. erbaute Schloss Bad Wurzach an der oberschwäbischen Barockstraße

Innerhalb von Bad Wurzach ist vor allem das **Wurzacher Schloss**, sehenswert, das Wahrzeichen der Stadt. Es wird als Bildungs- und Begegnungsstätte genutzt. Das eindrucksvolle **Barocktreppenhaus** ist jedoch zugänglich und bildet aufgrund seiner guten Akustik auch für Konzerte einen ansprechenden Rahmen. Wenn man in Bad Wurzach ist, sollte man auch einen Blick in die frühklassizistische **Pfarrkirche St. Verena** werfen, deren Deckenfresko im Langhaus als Meisterwerk von Andreas Brugger gilt. Auch der Besuch des Leprosenhauses ist lohnenswert: Hier ist das **Sepp-Mahler-Museum** des als »Philosoph der Straße« bekannt gewordenen Malers und Schriftstellers untergebracht.

Die Naturlandschaft des Rieds erschließt sich am besten während einer Fahrt mit der **historischen Torfbahn**. Die multimediale **Ausstellung »Moor Extrem«** informiert über die Flora und Fauna des Wurzacher Rieds sowie über die Geschichte des Torfabbaus.

Tourist Information ➡ D4/5
Rosengarten1, Bad Wurzach
Neuer Zugang: Fußweg entlang Café Hager und Kirchentreppe.
✆ (075 64) 30 21 50, www.bad-wurzach.de
April–Okt. Mo–Fr 9–17, Sa 10–12.30, Nov.–März Mo/Di, Do/Fr 9–17, Mi 9–13 Uhr

Sepp-Mahler-Museum im Leprosenhaus ➡ D4/5
Ravensburger Str. 10, Bad Wurzach
✆ (075 64) 30 21 50, www.leprosenhaus.de

Multimediale Ausstellung Moor Extrem

April–Okt. So und Fei 14–17 Uhr, Eintritt frei
60 Werke des Stadtsohnes werden im Leprosenhaus ausgestellt.

Torfbahn und Torfmuseum ➡ D4/5
Dr. Harry-Wiegand-Str. 4/1, Bad Wurzach
✆ (075 64) 31 67, www.torfbahn.de
April–Okt. jeden zweiten Sa und vierten So im Monat, Torfbahn 13.30, 14.30 und 15.30 Uhr, Fahrkarte € 2,50/1,50, Museum 13–17 Uhr, € 2,50/1,50, Bahn und Museum € 4/2, zusätzliche Fahrten möglich, einfach anrufen.

Barocktreppenhaus im Wurzacher Schloss ➡ D4/5
Marktstr. 9, Bad Wurzach
✆ (075 42) 10 12 87, www.schloss-badwurzach.de
Tägl. 8–18 Uhr, Eintritt frei
Ein Höhepunkt des oberschwäbischen Spätbarock erwartet kunstinteressierte Besucher des Wurzacher Schlosses.

Moor Extrem ➡ D4/5
Rosengarten 1, Bad Wurzach
✆ (075 64) 30 21 90, www.wurzacher-ried.de
April–Okt. tägl. 10–18 und Nov.–März tägl. 10–17 Uhr
Eintritt €4/2
In der multimedialen Erlebnisausstellung im Naturschutzzentrum dreht sich alles um das Wurzacher Ried.

Vitalium-Therme ➡ D4/5
Karl-Wilhelm-Heck-Str. 8, Bad Wurzach

✆ (075 64) 30 42 50 oder 56, www.vitalium-therme.de
Tägl. 10–22 Uhr, Damensauna Mo 17–22 Uhr
2 Std. € 14, 4 Std. € 16, Tageskarte € 17
Großes Thermalbad mit Außenbecken, großzügiger Saunalandschaft und verschiedenen Wellnessbehandlungen.

Heilig-Blut-Fest ➡ D4/5
Alljährlich 2. Fr im Juli
Mit rund 1500 Reitern und 5000 Wallfahrern findet hier jeden Sommer die zweitgrößte Reiterprozession Mitteleuropas statt. Im Mittelpunkt der Veranstaltung steht die Verehrung einer Heilig-Blut-Reliquie aus dem Privatbesitz von Papst Innocenz XII., der sie 1693 einem deutschen Rompilger überließ.

Eistobel ➡ F5
Ungefähr acht Kilometer südlich von Isny erstreckt sich zwischen Maierhöfen und Grünenbach eine eindrucksvolle Schlucht mit rauschenden Wasserfällen, Strudellöchern und hohen Felswänden. Die wegen ihrer

Im Winter ein Naturschauspiel der besonderen Art: der Eistobel südlich von Isny

eindrucksvollen Eisformationen im Winter unter dem Namen Eistobel bekannt gewordene Naturlandschaft gehört zu den schönsten Geotopen Bayerns und kann auf einem etwa drei Kilometer langen Pfad begangen werden. Der Weg ist sehr gut abgesichert und auch für Familien bestens geeignet.

Entstanden ist die Schlucht, weil sich vor etwa 15 000 Jahren gegen Ende der letzten Eiszeit in der Nähe von Ebratshofen ein Schmelzwassersee bildete, dessen Abflussrinne sich in vielen tausend Jahren tief in den Kugel-Laubenberg-Höhenzug eingegraben hat. Auf einem Spaziergang erhält man anhand der zahlreichen, schräg übereinander gelagerten Gesteinsschichten einen tiefen Einblick in die Erdgeschichte. So durchgeht man quasi innerhalb nur weniger Kilometer einen geologischen Zeitraum von mehreren Millionen Jahren.

Infopavillon ➡ F5
Hauptstr. 85, 88167 Grünenbach
✆ (083 83) 72 65, www.eistobel.de
Mai–Okt. Eistobel tägl. ab 9.30 Uhr geöffnet
Eintritt € 2,50/1
Der Infopavillon befindet sich an der Argentobelbrücke zwischen Grünenbach und Maierhöfen. Ein alternativer Ausgangspunkt ist der Wanderparkplatz Schüttentobel.

Isny ➡ E5
Schon von Weitem sichtbar ist der 47 Meter hohe **Blaserturm** von Isny, der dazu diente, Tag und Nacht Ausschau nach Feind und Feuer zu halten. Er scheint seinen

Die mittelalterliche Stadtanlage von Isny mit Wassertor, Nikolaikirche und St. Georg und Jakobus

Kurhaus am Park

Zweck erfüllt zu haben, denn die 14 000 Einwohner zählende Stadt inklusive **Stadtmauer** ist sehr gut erhalten und lädt zu beschaulichen Spaziergängen ein. Das Wetter sollte dabei mitspielen, denn Isny ist eine der sonnenreichsten Städte Deutschlands.

Die Herkunft des Stadtnamens ist unklar: Welche der insgesamt 13 Namensvarianten die Richtige ist, weiß heute keiner mehr so genau. Sicher ist aber, dass die Ortschaft erstmals im Jahr 1042 urkundlich erwähnt wurde und um ein aufblühendes Benediktinerkloster entstand. 1365 erkaufte sich die Stadt die Rechte als freie Reichsstadt. Dass Isny wirtschaftlichen Erfolg hatte, lag insbesondere am regen Handel mit Leinwänden, der ihr letztendlich 1501 zur Verleihung des Münzrechts verhalf. Im Jahr 1555 wurde Isny protestantisch. Eine Feuersbrunst zerstörte die Stadt 1631 beinahe vollständig. Danach konnten die Bürger aufgrund des verstärkt einsetzenden Baumwollhandels nicht mehr an die Blütezeit anknüpfen. Startpunkt für die Etablierung als anerkanntes Gesundheitszentrum war die Gründung eines Verschönerungsvereins 1876, der unter anderem Wege zum **Schwarzen Grat** anlegte. Im Zweiten Weltkrieg blieb Isny weitgehend von Zerstörungen verschont.

Ein Stadtrundgang kann beim **Rathaus** beginnen, das aus drei zusammengelegten Patrizierhäusern besteht und dessen ältestes Haus, das »Albrechtsche Haus« in der Wassertorstraße, aus dem 15. Jahrhundert stammt.

Stadtführung durch die ehemaligen Gefängnisräume des Wassertors

Die Espantorstraße führt zum gleichnamigen **Espantor**, einem der beiden erhaltenen Stadttore. Es stammt wohl aus dem 13. Jahrhundert, auch wenn eine Sandsteintafel auf der Rückseite mit dem Isnyer Wappen die Jahreszahl 1467 zeigt. Hier beginnt auch ein Teil der erhaltenen **Stadtmauer** mit einem begehbaren **Wehrgang**, der bis zum **Speicherturm** führt. Geht man am Espantor in die andere Richtung, gelangt man schon bald zum gut erhaltenen **Mühlturm** mit dem **Museum am Mühlturm**, das unter anderem eine einzigartige Münzschmiede-werkstatt zeigt, und etwas weiter zum **Hafendeckelturm** und zum **Diebsturm**, in dem früher das Gefängnis untergebracht war.

Wenn man am Speicherturm den Wehrgang verlässt, gelangt man stadtauswärts durch einen kleinen Park zum **Kurhaus**, wo auch ein sogenanntes **Gartenhaus** steht. In solchen Häusern lebten früher die katholischen Knechte und Mägde der Isnyer Bürger, die sich nur tagsüber in der protestantischen Reichsstadt aufhalten durften. Von dort ist es nicht weit zum **Wassertor**, das seinen Namen aufgrund des Wasserreichtums in der Vorstadt erhalten hat. Der 28 Meter hohe Bau stammt aus der zweiten Hälfte des 15. Jahrhunderts. Das **Wassertor-Museum** führt Besucher durch die ehemaligen Gefängnisräume und die Türmerwohnung und belohnt den Aufstieg mit einem tollen Blick auf die Altstadt. Direkt neben dem Wassertor steht die **Nikolaikirche** mit spätgotischem Chor, Sternrippengewölbe und einer original erhaltenen Predigerbücherei (»Prädikantenbibliothek«).

Kurz darauf gelangt man zur **Kirche St. Georg und Jakobus**, einer 1631 im Rokoko- und Barockstil erbauten ehemaligen Klosterkirche, deren Innenraumgestaltung mit sehenswerten Deckenfresken aus dem 18. Jahrhundert stammt. Dahinter befindet sich das ehemalige Benediktinerkloster, das im 17. Jahrhundert im barocken Stil errichtet wurde und in Isny heute eher als das Schloss bekannt ist. Besonders sehenswert ist hier die **Kunsthalle** mit einer ständigen Ausstellung des Isnyer Künstlers Friedrich Hechelmann.

Tourist Information ➡ E5
Unterer Grabenweg 18, 88316 Isny
✆ (075 62) 97 56 30, www.isny.de
April–Okt. Mo–Mi, Do 9–18, Fr 9–17, Sa 10–13, Nov.–März Mo–Mi, Fr 9–12.30 und 14–17, Do 9–12.30 und 14–18, Sa 10–12 Uhr

Stadtmuseum ➡ E5
Schloss 1, Isny, ✆ (075 62) 934 34
Mi–Fr 14–18, Sa/So/Fei 11–18 Uhr
Eintritt € 5/3,50
Neue Ausstellung zur Stadtgeschichte. Thematisiert wird die Herstellung von Leinwänden, Trachten und Schmuck. Highlight: die Münzschmiedewerkstatt.

Wassertor-Museum ➡ E5
Wassertorstr. 52, Isny

Wintersportausstellung im Wassertor-Museum

✆ (075 62) 934 34
Nur im Rahmen einer Führung Mai–Okt. Sa 14 Uhr
Eintritt € 3/2
In jeder Etage ein neues Thema: In den oberen Stockwerken geht's um die Geschichte der Feuerwehr und des Wintersports, unten ist ein finsteres Gefängnis. Eine Schusterwerkstatt kann besichtigt werden und der Ausblick von ganz oben ist wunderbar.

☒ **Brauerei Gasthof Engel** ➡ E5
Bahnhofstr. 36, Isny
✆ (075 62) 97 15 10, www.engel-isny.de
Mo/Di/Fr 17.30–23, Sa/So/Fei 11–14 und 17.30–23 Uhr
Im gediegenen Gasthaus des gleichnamigen Hotels werden vor allem Allgäuer Spezialitäten zubereitet, wie beispielsweise Biergerichte aus selbst gebrautem Bier. €€

Kißlegg ➡ E4
Der Luftkurort Kißlegg (8600 Einw.) liegt idyllisch zwischen zwei Moorseen und gilt als ein barockes Kleinod. Das historische Zentrum mit renovierten Wohnhäusern ist klein, ein Besuch lohnt vor allem wegen der **Pfarrkirche St. Gallus und Ulrich**, die 1734–38 vom Füssener Baumeister Johann Georg Fischer und dem Wessobrunner Stuckateur Johannes Schütz vollständig umgestaltet wurde. Sie birgt den sogenannten Augsburger Silberschatz aus der Mitte des 18. Jahrhunderts.

Neues Schloss und Park Kißlegg

Ebenso lädt das Anfang des 18. Jahrhunderts für den Grafen Waldburg von Johann Georg Fischer errichtete **Neue Schloss** zu einer Besichtigung ein. Hier hat nicht nur das **Heimatmuseum**, sondern seit 2005 auch das **Museum Rudolf Wachter** seine Räumlichkeiten, das in seiner Ausstellung Werke des zeitgenössischen Holzschnitzkünstlers ausstellt. Der aus München stammende Bildhauer Wachter erschuf seine hölzernen Skulpturen und Reliefs fast ausschließlich mit einer Kettensäge.

Leider nur von außen zu besichtigen ist das Wahrzeichen Kißleggs, das im Privatbesitz befindliche **Alte Schloss**, das 1570 erbaut wurde und sich am Ufer des südlichen Sees erhebt. Es geht in seiner ursprünglichen Form auf die Ulmer Patrizierhäuser zurück. Große Teile der Anlage wurden aber im 18. Jahrhundert von Johann Georg Fischer barockisiert.

Marterl am Wegesrand

ℹ Tourist Information ➜ E4
Schlossstr. 8 (Neues Schloss), 88252 Kißlegg
✆ (075 63) 93 61 42, www.kisslegg.de
April–Okt. Mo/Di, Do/Fr 8–12.30 und 14–17, Mi 8–12.30, Sa 10–12.30, So 13–17, Nov.–März Mo/Di, Do/Fr 8–12.30 und 14–17, Mi 8–12.30, Sa 10–12.30 Uhr

Neues Schloss ➜ E4
Schlossstr. 8, Kißlegg
Besichtigung nur im Rahmen von Führungen möglich: April–Okt. So 15 Uhr, Eintritt € 4/2
Das Schloss beherbergt eine Skulpturensammlung des Künstlers Rudolf Wachter.

Kißlegger Kellerbräu ➜ E4
Fürst Maximilianstr. 3, Kißlegg
✆ (075 63) 910 10, www.kisslegger-kellerbraeu.de
Mi–Sa ab 17, So ab 11 Uhr
Der Gasthof des Hotels Schlosskeller bietet schwäbische, regionale und internationale Speisen an. Im Sommer lässt es sich auf der Terrasse gut aushalten. €€

Leutkirch ➜ D5
Mit knapp 22 000 Einwohnern gehört Leutkirch zu den größeren Städten im Allgäu. Touristisch überlaufen ist es aber zu keiner Zeit des Jahres. Dabei hat es im Zentrum durchaus einiges zu bieten.

Gänsebühl mit dem Bockturm in Leutkirch

Der Stadtname geht auf die sogenannte Leutekirche, die heutige **Martinskirche** zurück, um die herum sich die Ortschaft seit dem ausgehenden 9. Jahrhundert nach und nach gebildet hat. Das Gotteshaus erhielt sein jetziges Aussehen 1519, was vor allem an den Spitzbogenfenstern und Rippengewölben zu erkennen ist. Erstaunlicherweise blieb es, obwohl Leutkirch lange Zeit protestantisch war, durchgehend katholisch. Ein Gesetz erlaubte jahrelang zwar nur bis zu 25 Katholiken innerhalb der Stadtmauern, dennoch konnte die Kirche zu den Gottesdiensten nicht über leere Bänke klagen, da viele Gläubige aus den umgebenden Gemeinden anreisten.

Im Zentrum der Stadt erhebt sich das rote **Rathaus** mit prunkvoll ausgeschmücktem Ratssaal, dessen Stuckdecke von Johannes Schütz erschaffen wurde. Neben dem Rathaus sind auch das um 1500 erbaute ehemalige **Kornhaus** mit seinem Fachwerkerker sowie das **Gänsebühl** mit dem **Bockturm** sehenswert, einem der wenigen erhaltenen Teile der Stadtbefestigung.

Das beste Museum der Stadt ist das **Museum im Bock,** das Heimatmuseum der Stadt. In den alten Gemäuern gibt es zahlreiche historische Stücke von der letzten Eiszeit bis ins 20. Jahrhundert zu sehen, die mit einigen nachgestellten Werkstätten unter anderem sehr viel über das schwere Alltagsleben der Leutkircher erzählen. Das in der Nähe, in der Marktstraße 32 gelegene **Gotische Haus** ist einen Blick wert. Es stammt aus dem Jahr 1379. Und nicht zuletzt lohnt sich der Gang in die Schneegasse mit einigen erhaltenen **Weberhäusern**.

Gotisches Haus

Wer gern wandert, kann einen Spaziergang auf die gut 600 Meter über der Altstadt gelegene **Wilhelmshöhe** machen. Die Mühen werden mit einem schönen Ausblick auf die Stadt, den Stadtweiher und das Schloss Zeil belohnt.

Brunnen im Innenhof von Schloss Zeil

Tourist Information ➡ D5
Marktstr. 32 (Gotisches Haus), 88299 Leutkirch
✆ (075 61) 871 54, www.leutkirch.de
Mo–Fr 9–12.30 und 14–17 Uhr

Museum im Bock ➡ D5
Gänsbühl 9, Leutkirch
✆ (075 61) 871 49, www.heimatpflege-leutkirch.de
Mi 14–17, So 10–12 und 14–17 Uhr, Eintritt € 2
Von der originellen Mausefalle bis zur kunstvollen Skulptur – über 1000 Objekte sind hier zu sehen.

Elektrotechnisches Museum ➡ D5
Eichenstraße 3, Leutkirch
✆ (075 61) 91 20 47, www.etm-leutkirch.de
Besichtigung nach Vereinbarung, Eintritt € 5/1
Manfred Stör zeigt Waschmaschinen, Elektroherde, Radios, Plattenspieler und Geldspielautomaten aus dem vergangenen Jahrhundert.

Schloss Zeil ➡ D5
Leutkirch, www.schlosszeil.de
Etwa 5 km nördlich von Leutkirch befindet sich das Schloss Zeil, eine Vierflügelanlage, die Anfang des 17. Jh. im Stil der Renaissance an der Stelle eines Vorgängerbaus errichtet wurde. Nach wie vor bewohnen

Damwild auf der Rotwildweide von Schloss Zeil bei Leutkirch

die Nachkommen des Bauherrn das Schloss. Zu besichtigen sind Innenhof, Schlosspark und Terrasse.

Rössle Haselburg ➡ D5
Haselburg 1, Leutkirch
✆ (075 61) 983 45 01
www.roessle-haselburg.de, Mi–Sa 11–14 und ab 17.30, So ab 11 Uhr
Südlich von Leutkirch gelegenes Lokal mit einem wunderbaren Biergarten und Kinderspielplatz mitten im Grünen. Besonderen Wert legt man hier auf regionale Speisen. €€

Lindau ➡ G3
Lindau zählt mit rund 24 500 Einwohnern nicht nur zu den bekanntesten Städten im Allgäu, sondern auch zu den größten. Die Lage auf einer kleinen Insel im Bodensee, die nur durch zwei Dämme für Bahn und Straßenverkehr mit dem Festland verbunden ist, machen den Ort zu einer beliebten Destination für Touristen.

Der idyllische Hafen mit seinem 1856 erbauten und 35 Meter hohen **Leuchtturm** und dem **Bayrischen Löwen** locken auch zahlreiche Besucher aus Österreich und der Schweiz an.

Blick auf die Seepromenade der Inselaltstadt von Lindau im Bodensee

Die »mit Linden bestandene Insel«

Lindau – Inselstadt im Bodensee

Lindau am Bodensee, Bayern

Der Bodensee ist ein faszinierendes Gewässer, weil er ständig sein Gesicht verändert«, sagt Deutschlands wichtigste Meinungsforscherin Renate Köcher, Leiterin des Instituts für Demoskopie in Allensbach am Bodensee.

Das kann man von Lindau aus besonders gut verfolgen: Die 1079 gegründete Stadt liegt auf einer vorgelagerten Insel im See und ist nur über eine Brücke oder per Schiff zu erreichen. Dabei wird in der Hafeneinfahrt ein mächtiger bayerischer Löwe, sechs Meter hoch und aus acht Tonnen Marmor gehauen, passiert. Den ließ König Maximilian II. 1805 zum Zeichen seiner Herrschaft auf einen Sockel setzen. Auf der anderen Seite begrüßt der einzige Leuchtturm Bayerns die einfahrenden Schiffe.

Die mit Linden bestandene Insel – daher der Stadtname – nahe am Dreiländereck Deutschland, Österreich und Schweiz verdankt ihren Ursprung einem um 800 gegründeten Chorfrauenstift. Und den Fischern, die auf der Insel einen Markt abhielten, um den herum sich eine Kaufmannssiedlung entwickelte.

Der 33 Meter hohe Leuchtturm an der Mole zeigt, dass Lindau einst im Bodenseehandel gut im Geschäft war. Es war ab 1220 Freie Reichsstadt und nur dem Kaiser oder dem König verantwortlich. Der erste Bau des Münsters Unserer Lieben Frau erfolgte bereits um 817, die heutige Kirche entstand nach dem Stadtbrand 1728. In der um 1000 gegründeten Peterskirche, nach dem Ersten Weltkrieg zur etwas martialischen Kriegergedenkstätte umgestaltet, gibt es die einzigen von Hans Holbein d. Ä. erhaltenen Fresken.

Die Altstadt prägen ganze Straßenzüge mit Häusern von der Gotik bis zum Barock, die Maximilianstraße ist von prunkvollen Patrizierhäusern mit Laubengängen gesäumt. Das Alte Rathaus (1436) trägt schmucke Giebel, bei der Umgestaltung im Renaissancestil wurden Ereignisse der Stadtgeschichte kunstvoll auf die Wände gepinselt.

Das alte Rathaus in Lindau mit einer großen überdachten Freitreppe.

Von der hübschen Terrasse des über 150 Jahre alten Traditionshotels »Bayerischer Hof« hat man einen atemraubenden Blick auf den Bodensee, bei klarem Wetter zeichnen sich sogar die Berge der Schweizer Alpen ab.

Info: Lindau am Bodensee liegt ca. 180 km südwestlich von München. **Info Lindau:** Tourist Information Lindau, Alfred-Nobel-Platz 1, 88131 Lindau am Bodensee, Tel. (083 82) 26 00 30, www.lindau.de. **Info Hotel Bayerischer Hof:** Bahnhofplatz 2, 88131 Lindau, Tel. (083 82) 91 50, www.bayerischerhof-lindau.de, Preise auf Anfrage.

Hafeneinfahrt von Lindau

Nur ein kleiner Teil des heutigen Stadtgebiets befindet sich auf der Insel. Den Ursprung hatte der Ort auf dem Festland, als im Jahr 200 auf dem Gebiet des heutigen Stadtteils Aeschach eine römische Villa errichtet wurde. Erste urkundliche Erwähnung fand Lindau in dem Schriftstück eines St. Galler Mönchs, der es als »Insel, auf der Lindenbäume wachsen« bezeichnete. Zu dieser Zeit stand bereits ein adeliges Frauenkloster auf der Insel.

Heute prägen vor allem eindrucksvolle Patrizierhäuser die 7 **historische Altstadt**. Nach wie vor ist das **Alte Rathaus** in der Maximilianstraße Zentrum der Stadt. Es wurde 1436 erbaut und beherbergt nun die reichsstädtische Bibliothek mit rund 23 000 Büchern. Der gotische Saal im ersten Stock gilt als einer der besterhaltenen gotischen Säle im Bodenseegebiet.

Bei einem Rundgang sollte man die **Peterskirche** am Schrannenplatz nicht auslassen. Sie ist die älteste Kirche Lindaus und beeindruckt vor allem wegen der Wandmalereien »Lindauer Passion« von Hans Holbein d. Ä. Sie steht gleich neben dem **Malefizturm**, der früher als Gefängnis diente. Die schmale Gasse In der Grub führt von dort zum Marktplatz, wo einstmals das Frauenkloster stand. Heute erheben sich hier das im Rokokostil gestaltete katholische **Münster Unserer lieben Frau**, ein Bau von Johann Caspar Bagnato, der auch das Mainau und das Neue Schloss Meersburg erbaut hat. Ebenfalls am Marktplatz steht die evangelische **Stephanskirche** und das **Haus zum Cavazzen**, ein ehemaliges Lindauer Bürgerhaus mit eindrucksvollen Fassadenmalereien. Im Inneren, im Lindauer **Stadtmuseum,** befindet sich eine Gemälde- und Skulpturensammlung aus dem 15.–18. Jahrhundert.

Historisierende Malereien am Alten Rathaus in Lindau

Tourist Information ➡ G3
Alfred-Nobel-Platz 1, 88131 Lindau
✆ (083 82) 26 00 30, www.lindau-tourismus.de
Ende März–Anfang Okt. Mo–Sa 10–18, So 10–13, Anfang Okt.–Ende März Mo–Fr 10–12 und 14–17 Uhr

Stadtmuseum Lindau ➡ G3
Marktplatz 6, Lindau
✆ (083 82) 27 75 65 14, www.kultur-lindau.de
Wegen Sanierung seit 2018 geschl., Wiedereröffnung in den kommenden Jahren
Stadtgeschichte, Musikinstrumente und Sonderausstellungen in barockem Rahmen.

»Die Lindauer Beweinung« (um 1420) – Glanzstück im Stadtmuseum

Hotel-Gasthof »Alte Post« ➡ G3
Fischergasse 3, Lindau
✆ (083 82) 934 60, www.alte-post-lindau.de
Apr.–Okt. tägl. 11–14.30 und 17–22.30 Uhr, Winterpause
Beliebtes Lokal des gleichnamigen Hotels mit gemütlichem Biergarten. Hier wird in erster Linie deutsche Küche serviert. €€

Strandhaus ➡ G3
Fraunhofer Str. 20, Lindau
✆ (083 82) 273 79 92, www.strandhaus.li

Mi/Do 12–23, Di 12–14 Uhr
Am Ufer des Bodensees gelegen (beim Campingplatz) kann man hier wunderbar essen gehen oder einen Kaffee trinken. Originell: ein nicht ganz billiges BBQ-Buffet. €€

Bodenseefestival ➡ G3
www.bodenseefestival.de
Anfang Mai–Anfang Juni
Internationales Musikfestival für klassische Musik, Theater, Tanz.

Lindauer Marionettenoper ➡ G3
Fischergasse 37, Lindau
✆ (083 82) 911 39 15, www.marionettenoper.de
Erst seit der Jahrtausendwende gibt es dieses Marionettentheater, in dem fast ausschließlich Opern aufgeführt werden. Es hat seine Bühne im Stadttheater von Lindau und richtet sich eher an Erwachsene.

Lindenberg ➡ F4
Der Luftkurort Lindenberg ist die sonnenreichste Stadt Bayerns – und in manchen Jahren sogar ganz Deutschlands. Auf einem Bergrücken in 764 Metern Höhe gelegen, besteht Anlass, einen Hut zu tragen, um sich gegen die erhöhte UV-Strahlung zu schützen und um einen besseren Blick auf die Nebelschwaden

Wahrzeichen von Lindenberg: Pfarrkirche St. Peter und Paul

Im Sommer lädt der Waldsee zum Baden ein

unterhalb der Stadt werfen zu können. Und so verwundert es auch nicht, dass hier das einzige **Hutmuseum** Deutschlands angesiedelt ist. Jedes Jahr im Mai wird der **Huttag** in Lindenberg veranstaltet, und alle zwei Jahre die Hutkönigin gekürt. Ein **Hutmacherplatz** darf natürlich auch nicht fehlen.

Wahrzeichen des Städtchens ist die barocke **Pfarrkirche St. Peter und Paul** mit Zwiebeltürmen und einem massigen Chorvorbau. Nicht weit von ihr erhebt sich das neugotische **Rathaus** vom Anfang des 20. Jahrhunderts. Wenige Minuten vom Zentrum entfernt, lädt der idyllische **Waldsee** zum Baden im weichen Moorwasser ein.

ℹ Tourist Information ➡ F4
in der Kulturfabrik
Museumsplatz 1 (ehemals Hauptstr. 21)
88161 Lindenberg
✆ (083 81) 928 43 10, www.lindenberg.de
Tägl. außer Mo 9.30–17 Uhr

🏛 Deutsches Hutmuseum Lindenberg ➡ F4
Museumsplatz 1 (ehemals Hauptstr. 21), Lindenberg
✆ (083 81) 928 43 20, www.deutsches-hutmuseum.de
Tägl. außer Mo 9.30–17 Uhr, Eintritt € 6/2
300 Jahre Hutmode wird seit Ende 2014 in der ehemaligen Hutfabrik Reich gezeigt und erläutert.

Überall Hüte im Hutmuseum von Lindenberg

Zum alten Bräuhaus ➡ F4
Hirschstr. 16, Lindenberg
✆ (083 81) 830 73 14, www.braeuhaus-lindenberg.de
Mi–Mo 9–14 und 17–22 Uhr
Traditionslokal mit regionaler Küche, auch vegetarische Gerichte. Im Sommer lädt ein Biergarten zum Verweilen ein. €€

Schwarzer Grat ➡ E6
Im Osten von Isny lockt der Schwarze Grat, der höchste Punkt Württembergs, schon seit Ende des 19. Jahrhunderts zahlreiche Touristen an. Auf dem 1118 Meter hohen Berg wurde nämlich schon damals ein Aussichtsturm errichtet, der allerdings 1971 durch den begehbaren, 28 Meter hohen **Schwarzer-Grat-Turm** ersetzt wurde. Von ihm aus hat man eine schöne Aussicht auf die **Adelegg,** einen waldreichen Höhenzug beziehungsweise Gebirgsausläufer der Allgäuer Alpen. Der Fluss ist übrigens Teil der europäischen Wasserscheide, denn die Flüsse hier münden entweder in den Rhein oder in die Donau, die wiederum in die Nordsee beziehungsweise ins Schwarze Meer fließen. Mehrere Wanderwege führen zum Schwarzen Grat, meistens wird ein Aufstieg ab Rohrdorf, Großholzleute oder aus dem Kreuztal gewählt.

Landgasthof Zum Schwarzen Grat ➡ F6
Talstr. 1, 88316 Isny-Bolsternang

✆ (075 62) 84 70, www.landgasthof-schwarzer-grat.de
Hotel und Restaurant am Schwarzen Grat, dessen Gipfel von hier aus in ca. 1 Std. Fußweg zu erreichen ist. Die Küche ist süddeutsch geprägt; sehr schön ist im Sommer die Terrasse. €€

Scheidegg ➡ F4

Wie Lindenberg ist auch Scheidegg ein hochgelegener Ort, von dem aus man einen fantastischen Blick auf die Alpen hat. Ausgezeichnet als Heil- und Kneippkurort bietet das Städtchen vor allem für Aktiv- und Gesundheitstouristen viele Möglichkeiten. Scheidegg eignet sich aber auch als Ausgangspunkt für Ausflüge, zum Beispiel zur **Freizeitanlage »Scheidegger Wasserfälle«**, wo das Wasser des Rickenbachs über zwei Stufen in die Tiefe stürzt. Vor Ort werden Streichelzoo und Wasserspielplatz Kinder begeistern.

Ein weiterer Höhepunkt ist der erst im Jahr 2010 eingerichtete 8 **Baumwipfelpfad »Skywalk«**, der auf ei-

Imposante Wasserfallstufen: die Scheidegger Wasserfälle

ner Länge von ungefähr 500 Metern und in einer Höhe von rund 40 Metern durch ein Waldgebiet führt und einen eindrucksvollen Blick auf die Waldlandschaft und die Alpen, das Alpenvorland und den Bodensee bietet. Darüber hinaus gibt es hier auch einen **Naturerlebnispfad**, einen **Barfußpfad** und einen **Abenteuerspielplatz**.

Tourist Information ➡ F4
Rathausplatz 8, 88175 Scheidegg
✆ (083 81) 895 55, www.scheidegg.de
Juni–Sept. Mo–Fr 9–17, Sa 10–12, Okt.–Mai Mo–Fr 9–17 Uhr

Scheidegger Wasserfälle ➡ F4
An der B 308 Richtung Lindau kurz vor Ostkinberg
April–Okt. tägl. 9–19 Uhr oder länger (bei schlechter Witterung geschl.), Eintritt € 2/1,50
Von mehreren Aussichtspunkten lassen sich die beiden Wasserfälle bestaunen. Ein Wasserspielplatz und ein Streichelzoo bereiten Kindern Freude.

8 **Baumwipfelpfad »Skywalk«** ➡ F/G4
Oberschwenden 25, Scheidegg
✆ (083 81) 896 18 00, www.skywalk-allgaeu.de

Herrliche Aussichten: Baumwipfelpfad »Skywalk«

Glasmuseum in Schmidsfelden

Ende März–Anfang Nov. tägl. 10–18, Anfang Nov.–Ende März Do–So 11–17 Uhr, letzter Einlass 17 Uhr
Eintritt € 9,80/7,80
Der Pfad erstreckt sich auf ca. 40 m in Höhe der Baumwipfel.

Schmidsfelden ➡ E6
Etwa 13 Kilometer südöstlich von Leutkirch liegt das Glasmacherdorf Schmidsfelden. Hier hat man mit viel Mühe die Historie des Dorfes erlebbar gemacht, indem man nicht nur ein Glasmuseum eröffnet, sondern beispielsweise den Dorfbrunnen wiederhergestellt hat. Mit der neuen Glasmanufaktur von Stefan Michaelis gibt es seit 2003 wieder einen Hersteller von Glasprodukten im Ort.

Glasmanufaktur Michaelis ➡ E6
Schmidsfelden 9, 88299 Leutkirch im Allgäu
www.schmidsfelden.net, ✆ (075 67) 18 21 93
Woche vor Ostern–Mitte Nov. Di–Fr 10–12.30 und 14–17, Sa 14–17, So/Fei 10–17 Uhr
Museum und Schauglasproduktion € 5,50/4, Museum und Glasmachershow € 6,50/5
Museum, Schauglasproduktion und Glasladen in einem, an bestimmten Tagen auch Glasmachershows (s. Website).

Glasstudio Schmidsfelden ➡ E6
Schmidsfelden 15, 88299 Leutkirch im Allgäu
Tel. (075 67) 988 73 94, www.schmuck-stueck.com

Woche vor Ostern–Ende Okt. Di–Fr 10–12.30 und 14–17, Sa 14–17, So 10–17 Uhr
Gabriele Hummel stellt Glasperlen, Glasmurmeln und mundgeblasene Glasobjekte her.

Wangen ➡ E/F4

Der Besuch der 26 500 Einwohner zählenden Stadt Wangen ist sicherlich ein Höhepunkt auf einer Reise durch das Westallgäu. Die komplett unter Denkmal- und Ensembleschutz stehende Altstadt mit zahlreichen bemalten Hausfassaden, verwinkelten Gassen, schönen Brunnen und hübschen Gärten wird zurecht als »nördlichste Stadt Italiens« bezeichnet.

Erstmals urkundlich als *Wangun* wurde die Siedlung in einer Urkunde des Klosters St. Gallen im Jahre 815 erwähnt. Im 13. Jahrhundert besaß der Ort bereits die Stadtrechte und entwickelte sich aufgrund des Fernhandels mit Italien schnell weiter, sodass um 1400 mit der Bebauung zwischen der Stadtmauer und dem Fluss Argen begonnen werden musste, der heutigen Unterstadt. Ober- und Unterstadt bestimmen immer noch das Stadtbild.

Wie in den meisten Städten ist auch in Wangen der **Marktplatz**, an dem seit 1330 der Wochenmarkt abgehalten wird (mittwochs), das Zentrum der Stadt. Hier erhebt sich auch das barocke **Rathaus**, das noch Fundamente aus der Zeit der Staufer vorweisen kann, aber gleich mehrfach umgebaut wurde. Nicht weit von hier steht das hoch aufragende **Hinderofenhaus**, ein 1542 im Stil der italienischen Renaissance erbautes Gebäude. Es entstand nach dem großen Brand in der Oberstadt

Markante Abschlüsse der Wangener Altstadt: das Frauentor (oder Ravensburger Tor) in der Herrenstraße und …

und hat einen sehenswerten Innenhof. Im Erdgeschoss residiert das HinderOfenCafé. Ebenfalls am Marktplatz steht die **St. Martinskirche**, eines der ältesten Gebäude in Wangen. Ihr ältester Teil ist der Turm, der bis zur Glockenstube aus unregelmäßig geformten romanischen Findlingssteinen gemauert ist.

Am Ende der Heerstraße »beschützt« das **Frauentor** die Altstadt. Es erhielt sein heutiges Aussehen zu Beginn des 17. Jahrhunderts, wurde aber erstmals 1472 erwähnt. Mit dem Lindauer Tor, dem Martinstor und dem im 14. Jahrhundert erbauten Pfaffenturm gibt es noch drei weitere Türme, die einstmals zur Stadtbefestigung gehörten.

Hinter dem Rathaus öffnet sich der **Postplatz**, auf dem sofort das mächtige **Kornhaus** ins Auge fällt. Zwischen 1600 und 1602 errichtet, diente es bis ins 19. Jahrhundert als Speicher für Getreide. Heute ist Wissen im Kornhaus gespeichert: Es dient als Hauptsitz der Städtischen Bücherei.

Man sollte Wangen nicht verlassen, ohne einen gründlicheren Blick auf die zahlreichen Brunnen der Stadt zu werfen, von denen einer den anderen in Schönheit oder Einfallsreichtum übertrifft. So spuckt der **Spuckbrunnen** zwischen Rathaus und Hinderofenhaus in regelmäßigen Abständen Wasser auf die Passanten. Einer der bekanntesten Brunnen ist der **Antoniusbrunnen** am Saumarkt, der darauf Bezug nimmt, dass hier früher der Schweinemarkt abgehalten wurde.

... das Martinstor (auch Lindauer Tor) in der Paradiesstraße

Tourist Information ➡ E/F4
Bindstr. 10, 88239 Wangen
✆ (075 22) 742 11, www.wangen.de
Mo–Fr 9–17, Juni–Sep. auch Sa 10–12 Uhr

Wangener Museumslandschaft ➡ E/F4
Städtische Museen in der Eselmühle, Eselberg 1
Wangen
✆ (075 22) 91 26 82, April–Okt. Di–Fr 14–17, Sa 11–17, So 14–17 Uhr, Eintritt € 4 (für alle Museen)
Rund um die ehemalige Eselsmühle lohnen mehrere Ausstellungen den Besuch, die nicht nur unter dem Namen Wangener Museumslandschaft zusammengefasst, sondern auch alle durch den Eingang zum Heimatmuseum zu erreichen sind. Ungewöhnliche Museen wie

Bei einer Stadtführung erfährt man viel Interessantes über Wangen

beispielsweise das Käsereimuseum, das Museum für Mechanische Musikinstrumente oder auch die historische Badestube laden zu einem Besuch ein.

Gasthaus Lamm ➡ E/F4
Bindstr. 60, Wangen
✆ (075 22) 66 75, www.lamm-wangen.de
Di–Sa 9–14 und 17–21, So 11.30–14 und 17–20.30 Uhr
Gute schwäbische Küche und echte Allgäuer Gastlichkeit. €€.

Fidelisbäck ➡ E/F4
Paradiesstr. 3, Wangen
✆ (075 22) 79 59 31, www.fidelisbaeck.de
Mo–Fr 8–22, Sa 8–14 Uhr
Bäckerei mit Gasthof, gemütlichem Biergarten und akzepta-blen Preisen. Spezialität des Hauses ist der Fidelisbäck-Leberkäs. €

Wolfegg ➡ D4
Die kleine Ortschaft Wolfegg lockt alljährlich zahlreiche Touristen an. Aus verschiedenen Gründen kommen sie hierher, denn ganz unterschiedliche Dinge gibt es in der gut 3000 Einwohner kleinen Gemeinde zu entdecken. Entstanden ist Wolfegg rund um das im 16. Jahrhundert im Stil der Renaissance erbaute **Schloss Wolfegg**, das bis heute von der Familie Waldburg-Wolfegg und Waldsee

bewohnt wird und nur während Veranstaltungen zugänglich ist. Ein weiteres architektonisches Kunstwerk ist die **Pfarrkirche St. Katharina und Franz von Assisi**, die zwischen 1733 und 1736 vom Füssener Baumeister Johann Georg Fischer erbaut und vom Wessobrunner Stuckateur Johann Schütz ausgestaltet wurde.

Für Familien ist das **Bauernhaus-Museum** sicherlich interessant. Rund um die auf dem Museumsgelände errichteten, regionaltypischen Bauernhäuser kann der Besucher hier sehr viel über die früheren Lebensumstände der schwäbischen Landbevölkerung erfahren.

Ein weiterer Anziehungspunkt ist das überregional bekannte und vom »Automobilschriftsteller« Fritz B. Busch gegründete **Automobilmuseum**, in dem über 200 Autos, Motorräder und sogar Traktoren sowie Wohnwagen ausgestellt sind. Damit ist es eines der größten Museen seiner Art in Deutschland, ein besonderes Exponat ist der Cadillac von Hans Albers.

St. Katharina wurde im 18. Jh. durch Johann Georg Fischer erbaut

Automobilmuseum Fritz B. Busch ➡ D4

Fritz B. Busch-Weg 1, Wolfegg
✆ (075 27) 921 03 90, www.automuseum-wolfegg.de
Ostern–Herbstferien tägl. 10–18, sonst Sa/So 10–16 Uhr
Eintritt € 8,50/6
Rund 200 ausgestellte Fahrzeuge lassen nicht nur Kinderherzen höher schlagen.

Bauernhaus-Museum Allgäu-Oberschwaben Wolfegg ➡ D4

Vogter Str. 4, Wolfegg
✆ (075 27) 955 00

Wohn-/Kornspeicher im Bauernhaus-Museum in Wolfegg

www.bauernhausmuseum-wolfegg.de
Mai–Sept. tägl. 10–18, Woche vor Ostern–April und Okt.–Anfang Nov. tägl. außer Mo 10–17 Uhr
Eintritt € 6/2,50
So lebten Bauern in Oberschwaben anno dazumal. Die 12 Hektar umfassende Kulturlandschaft besteht aus 19 größeren Wohn- und Wirtschaftsgebäuden. Sorgsam angelegte Bauerngärten und zum Teil frei laufende Tiere begeistern große und kleine Besucher.

Waldburg ➡ E3
Schloss 1, 88289 Waldburg
✆ (01 70) 386 73 02, www.burgmax.de
Mai–3. Okt. So/Fei 10–18 Uhr, Burg und Burgmuseum können nur im Rahmen von Führungen besichtigt werden. Eintritt € 9/6
Deutlich sichtbar erhebt sich über dem Dorf Waldburg, etwa 17 km nordwestlich von Wangen auf einer Moränenkuppe, die im 16. Jh. erbaute Waldburg, die der Stammsitz der gleichnamigen Familie war. Heute lädt ein stimmungsvolles Burgmuseum mit historisch eingerichteten Räumen zu einem Besuch ein.

Erwin-Hymer-Museum
Robert-Bosch-Str. 7, 88339 Bad Waldsee
Tel. (075 24) 97 66 76 00
www.erwin-hymer-museum.de
Tägl. 10–18, Do bis 21 Uhr, Eintritt € 9,50/4,50
In der Ausstellung erfahren Besucher viel über die Reiseziele und das Design der 80 Wohnwagen, Reisemobile, Autos und Zweiräder.

Hauptgebäude des Renaissance-Schlosses Wolfegg

Das Bauernhaus-Museum Allgäu-Oberschwaben Wolfegg zeigt bäuerliches Leben anhand historischer Gebäude inmitten einer wunderschönen Kulturlandschaft. Bauerngärten, Wiesen und auch die typischen Tiere sind Teile des lebendigen Museums

Eine Fahrt durch eine Bilderbuchlandschaft

DEUTSCHE ALPENSTRASSE

Bayern

Die Deutsche Alpenstraße ist eine der ältesten und schönsten Strecken Europas. Sie windet sich ausgehend von Lindau am Bodensee entlang der Bayerischen Alpen, der wunderschönen natürlichen Grenze zwischen Deutschland und Österreich. Die Strecke von über 480 Kilometern östlich des Bodensees gewährt den Reisenden Einblick in eine der schönsten Regionen Deutschlands. Sie führt vorbei an altertümlichen Schlössern, malerischen Gasthöfen und Bergdörfern aus Häusern, die mit aufwendiger Malerei verziert sind, der sogenannten Lüftlmalerei.

Eine bayerische Ikone an der Deutschen Alpenstraße: die Wallfahrtskirche St. Bartholomä am Königssee bei Berchtesgaden.

Als Zwischenstopp bietet sich Garmisch-Partenkirchen an, das 1936 die Olympischen Winterspiele ausrichtete und Deutschlands höchsten Berg, die Zugspitze, beheimatet. Es ist ein leichter Aufstieg zum 2962 Meter hohen Gipfel des Berges, der atemberaubende Aussichten bietet.

Für die Deutsche Alpenstraße gibt es keinen besseren Abschluss als den Königssee bei Berchtesgaden. Da der See fast komplett vom Watzmanngebirge umgeben ist, lässt er sich am besten (und zugleich am schönsten) per Boot bewundern. Die Ruhe des tiefen Sees wird von den elektrischen, leisen Booten kaum gestört, wenn sie Besucher an der Kirche Sankt Bartholomä absetzen.

Sankt Bartholomä wurde erstmals im 11. Jahrhundert erbaut und etwa 600 Jahre später neu errichtet. Mit dem Königssee als Hauptattraktion ist dieser wunderschöne Fleck Deutschlands, der sich bis nach Österreich erstreckt, das Herzstück des Nationalparks Berchtesgaden. Auf dem 193 Kilometer langen Netz von Wanderwegen finden sich zahlreiche Berghütten mit Restaurants und in der gesamten Region bieten Gasthäuser und Pensionen Zimmer an.

INFO: Die Alpenstraße ist 450 km lang, führt vom Bodensee bis nach Schönau am Königssee. **INFO DEUTSCHE ALPENSTRASSE:** Bayerische Fernwege e.V./Deutsche Alpenstraße, c/o Alpin Consult, Siedlerstr. 10, 83714 Miesbach, Tel. (08025) 924 49 52, www.deutsche-alpenstrasse.de. **REISEZEIT:** Zum Wandern im Frühsommer und September.

Barockkirche von enormen Ausmaßen

BASILIKA ST. MARTIN

Weingarten, Baden-Württemberg

Rom war das Vorbild, der Petersdom der Maßstab. Die Erbauer der Basilika St. Martin auf dem Martinsberg in Weingarten, weit über dem Tal des Flusses Schussen, der in den Bodensee mündet, wollten hoch hinauf.

Die eindrucksvolle Prozession des Weingartener »Blutritts« (1865).

Sie errichteten ein Gotteshaus von 106 Metern Länge bei einer Kuppelhöhe von 66 Metern. Ob es tatsächlich der größte Kirchenbau im Stil des Barock nördlich der Alpen ist, ist nicht abschließend geklärt, doch fest steht, dass die Basilika etwa halb so groß ist wie der Petersdom. Papst Pius XII. erhob die Kirche 1956 zur Basilica minor.

Die Baugeschichte verlief unter ständigen Querelen und mit zahlreichen Problemen. 1715 brach man die alte Kirche auf dem Martinsberg ab, in ihren Ursprüngen ging diese dreischiffige Säulenbasilika auf das Jahr 1124 zurück, wurde aber in den darauffolgenden Jahrhunderten mehrfach verändert und erweitert. Die Pläne für den Neubau stammen vom Füssener Baumeister Johann Jakob Herkommer und dem Vorarlberger Franz Beer von Bleichten. Bereits im Jahr 1717 konnten die Gewölbe eingezogen werden, nun sollte die Innenausstattung beginnen. Aber plötzlich fehlte es an Finanzmitteln, die vorderösterreichische Landvogtei führte einen Prozess gegen das Kloster, das an sein Territorium angrenzte, und die Künstler konkurrierten heftig miteinander.

Trotzdem konnte die Abteikirche, die zwei große dreiflügelige Trakte um weite Innenhöfe einfassen, 1724 geweiht werden.

Sie entspricht dem Typ des Vorarlberger Wandpfeilerschemas, mit durchbrochenen Pfeilern, segelartigen Emporen und hohen Durchgängen in beiden Geschossen. Die barocke Deckenmalerei von Cosmas Damian Asam stellt kirchen- und kunstgeschichtlich einen Fortschritt dar: Statt eng begrenzter Bildfelder wurde das gesamte Gewölbe zur illusionistischen Raumerweiterung genutzt. Die zentrale Kuppel zeigt eine Himmelsvision mit Hunderten von Heiligen, die im Lobkreis um die Dreieinigkeit ziehen. Zwischen den Feldern mit den vier Evangelisten thront in der Blickachse als Allegorie der Mutter Kirche eine weibliche Papstfigur, umgeben von den Symbolfiguren Glaube, Liebe und Hoffnung.

Traditionell findet am Freitag nach Christi Himmelfahrt in Weingarten der »Blutritt« statt. Bei einer Reiterprozession wird die in der Abteikirche beheimatete Heilig-Blut-Reliquie durch die Stadt und das Umland getragen. Zahlreiche Musikkapellen begleiten das Geschehen.

INFO: Weingarten liegt 25 km von Friedrichshafen und 80 km von Ulm entfernt. **INFO ST. MARTIN:** Kirchplatz, 88250 Weingarten, Tel. (07 51) 56 12 70 (Pfarramt), www.st-martin-weingarten.de, Öffnungszeiten tägl. 8–19, Nov.–März nur bis 17 Uhr.

Die oberschwäbische Spielestadt

Mittelalterliches Ravensburg

Ravensburg, Baden-Württemberg

Bunt, rund und lustig. Oberflächlich betrachtet könnte man sagen: eine Lego-Stadt. Das geht aber auf keinen Fall, denn Lego kommt aus Dänemark und Spielwaren aus Ravensburg sind qualitätsmäßig so hoch angesiedelt, dass man einen Vergleich mit Steckspielzeug aus Plastik in der oberschwäbischen Spielestadt gar nicht gern hört. Und doch bleibt manches drollig. Der mit 51 Metern höchste Turm der Stadt heißt Mehlsack, er ist das Wahrzeichen Ravensburgs. Woher der Name stammt, können die Touristiker auch nicht richtig erläutern, nur beteuern, dass er vom weißen Anstrich und der runden Form herrühren müsse. Er fällt auf in der intakten mittelalterlichen Kulisse, die diesen von den Welfen im 11. Jahrhundert gegründeten Marktort prägt. Lange war sie freie Reichsstadt, das hat Wohlstand gebracht und zu einer Reihe von historisch wertvollen Gebäuden geführt, von denen viele noch vorhanden sind.

Von der Stadtmauer ist noch etwas zu sehen, sechs Wachtürme, mehrere kleine Turmbastionen und zwei Stadttortürme sind da. Dazu drei Kirchen, darunter die Liebfrauenkirche, deren farbtolle Chorfenster schon wieder an L... erinnern, nein, sie stammt aus dem 14. Jahrhundert. Im selben Jahrhundert entstand das spätgotische Rathaus mit Renaissance-Erkern und zwei gotischen Ratssälen. Auch Waaghaus, Lederhaus und Kornhaus machen etwas her, damals arbeiteten die Handwerker mitten in der Stadt, sie waren wichtig. Nur wenig wertvoller sind die Patrizierhäuser, die aber das Flair der alten Stadt verkörpern. In ihnen residierten die Herren der Großen Ravensburger Handelsgesellschaft, die zwischen 1380 und 1530 das ökonomische Rückgrat der Stadt bildete. Herausragend war die Familie Humpis. Nach ihr ist ein Quartier benannt, ein Konglomerat aus sieben Häusern und einem Museum.

Stadt der Türme und Tore: Ravensburg.

Die Veitsburg oberhalb der Ravensburger Altstadt ist in ihren Grundmauern alt, der obere Teil wurde im Dreißigjährigen Krieg zerstört, das jetzige Schlösschen entstand erst danach. Natürlich gibt es einen Freizeitpark des Ravensburger Verlags, das Spieleland mit 40 Attraktionen.

Info: Ravensburg liegt 90 km von Ulm entfernt. **Info Ravensburg**: Tourist Information, Marienplatz 35 (Lederhaus), 88212 Ravensburg, Tel. (07 51) 828 00, www.ravensburg.de. **Info Ravensburger Spieleland**: Liebenau, Am Hangenwald 1, 88074 Meckenbeuren, Tel. (075 42) 400-0, www.spieleland.de, Öffnungszeiten 10–16/17/18 Uhr, Nov.–März geschl., Nebensaison Mo/Di geschl., einzelne Ruhetage zwischendurch vgl. Website, Eintritt € 35,50, ermäßigt € 33,50.

Die Schöne am Bodensee

Bregenz

Bregenz, Vorarlberg

Vorn der Bodensee, hinten der Pfänder. Vorarlbergs Hauptstädtchen liegt reizvoll gestaffelt auf einem terrassenförmig zum Ostufer des Sees hin abfallenden Plateau. Die Unterstadt ist von moderner Architektur geprägt, von Festspiel-, Kongress- und Kunsthaus. Die Oberstadt zeigt sich romantisch mit einer zum größten Teil erhaltenen Stadtmauer aus dem 13. bis 16. Jahrhundert, mit Gassen, Fachwerkhäusern und alten Kastanien.

Wer Bregenz als Gesamtkunstwerk betrachten will, steigt den Hausberg Pfänder (1064 m) hinauf oder fährt mit dem Seilbähnle. Oben angekommen bieten sich wunderbare Blicke zurück auf Berge und See, sattgrüne Wiesen und schattige Tannenwälder.

Wer wandert, kann sich auf im Burgrestaurant Gebhardsberg mit feinstem Bodenseefisch zur herrlichen Aussicht von der Panoramaterrasse stärken. Hier lässt sich die Bodenseelandschaft studieren, links die Schweizer, rechts die deutsche Seite. Die Blicke bleiben an der spektakulären Seebühne hängen, die im Sommer bespielt wird. Die drei B machen den besonderen Charme der Stadt aus aus: Berge, Bodensee, Bregenzer Festspiele. Im Jahr 15 v. Chr. eroberten die Römer das keltische Brigantium, der Hafen wurde Zentrum der Bodenseeschifffahrt. Holz- und Kornhandel mehrten den Wohlstand.

1884 setzte man die Arlbergbahn auf ihre Gleise, das Zeitalter des Tourismus begann. Die heute 33000 Einwohner zählende Stadt wurde nie in ihrer Geschichte zerstört, sie besitzt Denkmäler vom Torbau aus dem 13. Jahrhundert über den barocken Martinsturm und die klassizistische Fassade des 1838 erbauten Kornhauses.

Architektonisch setzt Bregenz auch moderne Maßstäbe: Der 1997 eröffnete, milchgrüne gläserne Kubus des Kunsthauses wurde von dem Schweizer Architekten Peter Zumthor entworfen und gebaut. Von außen wirkt das Gebäude wie ein Leuchtkörper, der sämtliche Lichtwechsel und Wetteränderungen in Himmel und See absorbiert und zurückstrahlt. Präsentiert werden Wechselausstellungen zeitgenössischer Kunst.

Bregenz aus der Vogelperspektive.

Info: Bregenz liegt am Ostufer des Bodensees. **Info Bregenz:** Rathausstr. 35 A, 6900 Bregenz, Tel. (055 74) 49 59-0, www.bregenz.travel. **Info Burgrestaurant Gebhardsberg:** Gebhardsberg 1, 6900 Bregenz, Tel. (055 74) 425 15, www.greber.cc, Öffnungszeiten Mai–Sept. tägl. ab 10, Okt., Dez. und März/April tägl. außer Di ab 11, Jan./Feb. Mi–So ab 11 Uhr. Reservierung empfohlen, Preise auf Anfrage. **Info Kunsthaus Bregenz:** Karl-Tizian-Platz, 6900 Bregenz, Tel. (055 74) 485 94-0, www.kunsthaus-bregenz.at, Öffnungszeiten Di–So 10–18, Do bis 20 Uhr, Eintritt € 11, ermäßigt € 7, Kinder frei.

Die schwimmende Opernbühne auf dem Bodensee

BREGENZER FESTSPIELE

Bregenz, Vorarlberg

Wenn sich über Bregenz, wunderschön in die weit ausschweifende Ostbucht des Bodensees gestaffelt, das Dunkel herablässt, beginnen die Bühnenbilder der spektakulären Seebühne zu leuchten. Kunst auf einem bei Sturm von Wellen umtosten Fundament, aber festgezurrt und standhaft. Was wäre der Bodensee ohne diese dem Ufer vorgelagerte schwimmende Bühne, die größte der Welt, selbst im Guinness-Buch der Rekorde verzeichnet.

Ihre Geschichte begann 1946 mit zwei Kieskähnen im Gondelhafen, auf die im Sommer einige Bretter gelegt wurden, auf die sich dann einige wenige mutige Schauspieler und Sänger wagten. Heute steht die Bühne auf 200 massigen Pfählen, tief in den Seegrund abgesenkt. Mehr als 400 Akteure finden bei den allsommerlichen Opern-, Operetten-, Ballett- und Musicalaufführungen auf ihr Platz. Ihnen gegenüber sitzen knapp 7000 Zuschauer auf der Tribüne.

Die Seebühne der Bregenzer Festspiele für die Verdi-Oper »Rigoletto« in der Saison 2019/20.

Mozarts »Zauberflöte«, Bizets »Carmen«, Umberto Giordanos Revolutionsdrama »André Chénier« oder zuletzt Verdis »Rigoletto« gingen hier ebenso über die Bretter wie die modernen Ballette und Musicals vom New Yorker Broadway sowie Konzerte von Orchestern mit berühmten Dirigenten und den besten Star-Sängern der Welt. Das macht Eindruck, weil die Stadt am Dreiländereck Österreich-Schweiz-Deutschland ein großartiges natürliches Kulissenpanorama dazu gibt. In Terrassen fällt das Plateau des Pfänders zum See hinab, andere Berge sind dazugestaffelt. Wenn der Mond scheint, die Sterne funkeln und der Wind vom See nicht zu rau ist, ist das Zuschauen und Zuhören ein einzigartiges Sinneserlebnis. Aber auch wenn der Wind mal Musikfetzen in die falsche Richtung peitscht, bleiben immer noch die visuellen Eindrücke.

Fallen die Temperaturen, stellen die Veranstalter automatisch kuschelige Decken zur Verfügung. Dann holen die Zuschauer die Hände nur zum Klatschen aus der Verhüllung. Die wattstarken Scheinwerfer sind wie bunte Lichtfinger, die aus dem Dunkel nach der Bühne greifen, mitunter erfassen sie auch vorüber schippernde Dampfer, Boote und Yachten. Wird es aber zu kalt im Gebirge, wird die Veranstaltung in die funktionale Festhalle verlegt. Die Zuschauer haben es in diesem Fall nicht weit, sie befindet sich auf demselben Gelände.

INFO: Bregenz liegt am Ostufer des Bodensees. **INFO BREGENZER FESTSPIELE:** Tel. (055 74) 40 76, www.bregenzerfestspiele.com.

Fürs Familienradeln ist das Unterallgäu bestens geeignet

Unterallgäu

Das Unterallgäu wird von Urlaubern, die das Allgäu besuchen, häufig übergangen – zu sehr locken anscheinend die hohen Berge des Oberallgäus. Dabei eignet sich die liebliche Landschaft des Unterallgäus mit ihren Hügeln, Tälern und zahlreichen Flüssen, mit dichten Wäldern und leuchtenden Löwenzahnwiesen bestens für ausgedehnte Fahrradtouren oder Wanderungen im Sommer und für Langlauftouren im Winter. Historische Städte wie **Memmingen** laden zu einem längeren Besuch ein, und wer an die heilende Wirkung des Wassers glaubt, ist in **Bad Wörishofen**, der Heimat des Gesundheitspfarrers Sebastian Kneipp, am richtigen Ort. Kulturell locken bedeutende Architekturkunstwerke wie die **Benediktinerabtei Ottobeuren** oder die **Kartause Buxheim**. Mehr über schwäbische Traditionen erfährt man im **Schwäbischen Bauernhofmuseum** Illerbeuren. Und wer gerne einmal in einem Gebäude aus dem 13. Jahrhundert übernachten möchte, sollte unbedingt zum **Schloss Kronburg** im Illerwinkel fahren.

Babenhausen ➡ A7

Die Silhouette der gut 5000 Einwohner zählenden und etwa 20 Kilometer nördlich von Memmingen liegenden

Fachwerkhaus im beschaulichen Babenhausen

Ortschaft Babenhausen wird unübersehbar von den Giebeln und Türmen des **Fuggerschlosses** und der **Pfarrkirche St. Andreas** dominiert. Erstmals im Jahre 1237 urkundlich erwähnt, erwarb Anton Fugger 1538 das Schloss und ließ es in den folgenden Jahren gründlich renovieren. Das heutige Aussehen erhielt der Bau 1845, als er erneut umgestaltet wurde, diesmal im neugotischen Stil. Das im Westflügel und im Neuen Schloss ansässige **Fuggermuseum** präsentiert Ausstellungsstücke aus der 500-jährigen Familien- und Unternehmenshistorie der Fugger.

Der **Schlosspark** ist ganzjährig zugänglich. In der **Pfarrkirche St. Andreas**, die direkt an das Schloss anschließt, kann man neben dem Chor den Wappenstein von Anton Fugger sowie ein Epitaph seines jüngsten Sohnes Jakob Fugger III. entdecken.

Fuggermuseum ➡ A7
Fuggerschloss Babenhausen, 87727 Babenhausen
✆ (083 33) 92 09 -26 oder -27, www.fugger.de
April–Okt. Di–Sa 10–12 und 14–17, So 10–12 und 13–18 Uhr, nur im Rahmen einer Führung, Eintritt € 4/2
Ausstellung über die berühmte Kaufmannsdynastie.

Bad Grönenbach ➡ D6/7
Die beschauliche Ortschaft Bad Grönenbach liegt ungefähr zwischen Kempten und Memmingen und ist

vor allem als Kneippheilbad bekannt. Gleich mehrere Kliniken und Sanatorien haben in der gut 5000 Einwohner zählenden Gemeinde ihren Sitz und locken alljährlich zahlreiche Gesundheitstouristen an. Auch der Entdecker und Namensgeber der Wasserkur lebte hier einige Jahre, als er bei Kaplan Dr. Matthias Merkle Lateinunterricht erhielt und sich auf das Gymnasium vorbereitete. In dieser Zeit lernte er auch den Ortspfarrer und Botaniker Christoph Ludwig Köberlin kennen, der ihn in die Welt der Pflanzenheilkunde einführte.

Ein Besuch Bad Grönenbachs lohnt sich aber auch wegen seines Wahrzeichens, dem **Hohen Schloss** im Westen der Ortschaft, das um 1280 um einen großen Nagelfuhfelsen herum gebaut und im Laufe der Zeit mehrfach umgestaltet wurde. Heute wird es unter anderem für Ausstellungen, Konzerte und Vorträge genutzt. Beachtenswert ist auch der **Kreislehrgarten**, der sich auf dem Gelände des ehemaligen Klostergartens neben dem Hohen Schloss befindet und zu einem Kräutergarten umfunktioniert wurde.

Die 1445 eingeweihte, spätgotische **Stiftskirche St. Philipus und Jakobus** beeindruckt mit ihrem Netzrippengewölbe. Sie wurde anstelle eines im 12. Jahrhundert erbauten, romanischen Gotteshaus errichtet, von dem nur noch die Krypta und das Untergeschoss des Turmes erhalten sind. Die Rundbogenfenster dokumentieren die Barockisierung der Kirche, die um 1698 vorgenommen wurde.

Stadtzenturm von Bad Grönenbach

Tourist Information ➡ D6/7
Marktplatz 5, 87730 Bad Grönenbach
✆ (083 34) 605 31, www.bad-groenenbach.de
Mo–Mi, Fr 9–12 und 13–17, Do 9–12 und 14–18, Mai–Sept. auch Sa 9–12 Uhr

Charlys Topf-Gucker ➡ D6/7
Marktplatz 8, Bad Grönenbach
✆ (083 34) 25 97 25, www.topf-gucker.com
Mi–Fr 17–24, Sa 11–14 und 17–24, So 11–24 Uhr
In der ehemaligen Badischen Weinstube können die Gäste dem Koch Charly Bittner bei seiner Arbeit über die Schulter schauen. €€

Weitblick ➡ D6/7
Sebastian-Kneipp-Allee 7, Bad Grönenbach
✆ (083 34) 534 65 00, www.allgaeu-resort.de
Tägl. 12–14 und 18–21, Bar 17–0.30 Uhr
Die gehobene, internationale Küche des Restaurants hat zu Recht ihren Preis. Angeschlossen sind die Bar Au-BAR-Gine und einen Biergarten am hauseigenen Weiher. €€

Mittelaltermarkt »anno 1525« ➡ D6/7
Bad Grönenbach
Alljährlich Ende Sept.
Historischer Hintergrund dieses Marktes, der drei Tage lang abgehalten wird, ist die Proklamation der zwölf Artikel in Memmingen während der Bauernkriege. Dabei handelte es sich um die erste schriftliche Einforderung von Menschenrechten auf europäischem Boden.

Mittelaltermarkt »anno 1525« in Bad Grönenbach

Aushängeschild von Bad Wörishofen: Sebastian Kneipp

Bad Wörishofen ➡ C9

Erstmals urkundlich erwähnt wurde die heute knapp 15 000 Einwohner zählende Kleinstadt im Jahre 1067 als Herrschaft *Werenshova*, was so viel heißt wie »beim Hof« oder »bei den Höfen des Werin«. Jahrhundertelang blieb der Ort mehr oder weniger eine bäuerliche Siedlung. Um so mehr geschah mit dem Eintreffen von Sebastian Kneipp 1855 als Beichtvater und Hausgeistlicher im zwischen 1719 und 1721 erbauten Kloster Wörishofen. Denn der wegen angeblicher Kurpfuscherei verurteilte und nach Wörishofen strafversetzte Kneipp hatte trotz aller Widerstände schon so viele Anhänger, dass nach seiner Ankunft immer mehr wohlhabende Gäste nach Wörishofen reisten, die sich von ihm behandeln lassen wollten. Schnell kam es in der Folge zur Eröffnung neuer Gasthäuser und Restaurants, nur wenige Jahre später wurden die ersten Bade- und Kurhäuser eröffnet. Im Jahr 1920 bekam die Stadt dann das Prädikat »Bad« zugesprochen. Das Bad entwickelte sich zu einem bekannten Kurort für Besserverdienende.

Seit über hundert Jahren kommen die Kurgäste mittlerweile nach Bad Wörishofen, um nach den Lehren von Sebastian Kneipp zu einem besseren Einklang von Körper, Geist und Seele zu finden. Groß ist das Angebot der zahlreichen Kureinrichtungen, unter denen seit Beginn des neuen Jahrtausends die **Therme** mit ihrer riesigen, sich öffnenden Glaskuppel das Highlight darstellt. Obwohl zuerst von einem Großteil der gut 14 000 Einwohner misstrauisch beäugt, entwickelte sie sich innerhalb kurzer Zeit zu einem Touristenmagnet.

Barfußpfad im Kurpark von Bad Wörishofen

Kneipp, Schroth & Co.

Sebastian Kneipp, Entdecker der Wasserkur, während eines Vortrags in Bad Wörishofen

Die saftigen grünen Wiesen, die frische Luft, die kristallklaren Seen und natürlich die Bergwelt des Voralpenlandes vermitteln den Eindruck einer heilen Welt, in der man seinen geschundenen Körper wunderbar regenerieren kann. Und so bieten seit geraumer Zeit immer mehr Hotels und Pensionen Wellnesspakete an, die von Ayurveda-Behandlungen bis hin zu Wassertretkuren nach Sebastian Kneipp reichen.

Und genau seinetwegen kamen vor gut 150 Jahren die ersten Kurgäste ins Allgäu. Denn Pfarrer Kneipp (1821–97) hatte – zuerst am eigenen Leib, dann in Versuchen an seinen Kommilitonen – festgestellt, dass Wasseranwendungen körperliche Leiden lindern können. Seine Kenntnisse über die Wirkung des Wassers und Heilpflanzen baute Sebastian Kneipp zu einer systematischen Lehre aus, dessen oberstes Prinzip, die ganzheitliche »Strukturierung der äußeren und inneren Lebensordnung« noch heute als wegweisend für die klassische Naturheilkunde und Präventivmedizin gilt. Obwohl anfangs noch der Kurpfuscherei bezichtigt und angeklagt, sprach sich Kneipps Heilmethode schnell herum.

Das Zentrum der Kneipp-Bewegung ist ohne Zweifel Bad Wörishofen, aber auch in zahlreichen anderen Orten im Allgäu werden Kneipp-Therapien angeboten.

Ebenso verhält es sich mit den sogenannten Schroth-Kuren, die der Fuhrmann Johann Schroth (1798–1856) ebenfalls zunächst im Selbstversuch entwickelte, nachdem er von einem Pferd getreten worden war und ein versteiftes Bein zurückbehielt. Er behandelte es mit nasskalten Umschlägen und erzielte Linderung. Darüber hinaus beobachtete er, dass kranke Tiere kaum essen und trinken, und folgerte daraus, dass dies den natürlichen Prozess der Selbstheilung unterstütze. Letztendlich geht es in der bis heute stark modifizierten Behandlungsmethode unter anderem um Entgiftung und Entsäuerung, die durch eine strenge Diät, tägliche Packungen, den Wechsel von Trink- und Trockentagen sowie Bewegungs- und Ruhetagen erzielt werden soll.

Garten des Kneippmuseums in Bad Wörishofen

Geburtsort der Kneipp-Kur

Bad Wörishofen

Bad Wörishofen, Bayern

Bad Wörishofen ist untrennbar mit dem Namen seines einstigen Pfarrers verbunden: Sebastian Kneipp. Er veränderte das Leben in dem Ort im 19. Jahrhundert grundlegend, denn er begann von dort seine Überzeugungen von der heilenden Kraft des Wassers, der weltberühmten Kneipp-Kur, zu verbreiten. Bis heute steht die Gemeinde mit ihren 22 Kneipp-Anlagen ganz im Zeichen ihres einstigen Geistlichen, dem in der Stadt auch ein eigenes Museum gewidmet ist. Seit Dezember 2015 gilt seine Gesundheitslehre als immaterielles Kulturerbe der UNESCO.

Die Ausstellung zu Leben und Werk Kneipps befindet sich in den historischen Gemäuern des Dominikanerinnenklosters, das im frühen 18. Jahrhundert gegründet wurde. Die Klosterkirche beeindruckt besonders durch ihre reiche Barockausstattung.

Ruhe und Erholung Suchende werden in Bad Wörishofen nicht nur die Armbade- und Wassertretbecken zu schätzen wissen, sondern auch Spaziergänge durch den Kurpark, der neben einem Duft- und Aromagarten und den Heilkräutergärten auch mit einem Barfußpfad aufwarten kann.

Die Gradieranlage des Parks wirkt sich mit ihrem Natursole-Freiluftinhalatorium heilsam auf die Atemwege aus und die Fitness kann auf dem Osteo-Walk verbessert werden. Für Wanderfreunde ist der zehn Kilometer lange Kneipp-Waldweg die perfekte Option, um Wissenswertes über den Hydrotherapeuten und seine fünf Elemente zu erfahren. Der Trimm-Dich-Pfad und die moderne Therme mit ihren zahlreichen Gesundheits-, Kneipp- und Solebecken sind weitere Anziehungspunkte für Aktivurlauber.

Die sogenannte Gesundheitsstadt bleibt ihren Traditionen bis heute treu. Dies spiegelt sich auch in zahlreichen Brauchtumsfesten wie dem Maibaumaufstellen oder dem traditionellen Schmücken der Brunnen zu Ostern wider. Zudem laden das historische Kurtheater oder die Konzerte des Kurorchesters zu kulturellen Veranstaltungen ein.

Bad Wörishofen: Eine der bekanntesten Kneippanwendungen sind die Armbäder.

Info: Bad Wörishofen liegt ca. 80 km westlich von München. **Info Bad Wörishofen:** Kur- und Tourismusbetrieb Bad Wörishofen, Luitpold-Leusser-Platz 2, 86825 Bad Wörishofen, Tel. (082 47) 99 33 10, www.bad-woerishofen.de.

Konzert im Kurhaus von Bad Wörishofen

Mittelpunkt der Stadt ist aber nach wie vor der große **Kurgarten** mit Aroma- und Duftgarten, Rosengarten und Ziervogelvolieren sowie einer Gradieranlage, die künstlich mit Salz angereichert wird. Sehr beliebt sind auch ein neuer Meditationsgarten und der »Osteo-Walk«.

Das Stadtbild – mit renovierten historischen Häusern und zahlreichen Grünanlagen – bildet eine schöne Kulisse für einen erholsamen Aufenthalt.

Ein Spaziergang durch Bad Wörishofen könnte beim **Kurhaus** starten, wo sich auch die Touristeninformation befindet. Von dort ist es nicht weit zum **Pfarrhof**, in dem Sebastian Kneipp wohnte. Direkt daneben erhebt sich die über 700 Jahre alte **St. Justina-Kirche**, in deren 1932 angebauten Teil Kneipp als Priester und Heiler dargestellt wird. Auf der anderen Seite der Kirche steht das **Dominikanerinnen-Kloster**, das heute unter anderem das **Kneipp-Museum** mit anschaulichen Informationen über das Leben und Wirken des Pfarrers beherbergt. In der dazugehörigen **Kirche Maria Königin der Engel** sind Stuckaturen und Fresken der Wessobrunner Brüder Dominikus und Johann Baptiste Zimmermann zu sehen. Etwas weiter südlich gelangt man über die Schulstraße zum Städtischen Friedhof, auf dem die **Kneipp-Grabkapelle** an den berühmten Heiler erinnert. Über die St.-Anna-Straße geht es weiter zum alten **Badehäuschen** für Männer, dessen weibliches Pendant leider nicht mehr existiert, und zur histori-

Letzte Ruhestätte von Sebastian Kneipp

schen **Wandelhalle**, in der Sebastian Kneipp zahlreiche Vorträge gehalten haben soll.

Weiter nördlich befindet sich das kupferne, 1903 errichtete **Kneipp-Denkmal**, von dem aus es nicht mehr weit zum **Sebastianeum** ist, der ersten Krankenanstalt, die von Kneipp gegründet wurde. Zwei weitere von ihm gegründete Kliniken im Norden des Kurparks, das **Kneippianum** und die ehemalige **Kneippsche Kinderheilstätte**, gehören heute beide zum Orden der Barmherzigen Brüder.

Tourist Information ➡ C9
Hauptstr. 16 (Kurhaus), 86825 Bad Wörishofen
✆ (082 47) 99 33 55 oder 56
www.bad-woerishofen.de
15. März–Okt. Mo–Fr 9.30–18, Sa/So/Fei 9.30–16, Nov.–14. März Mo–Fr 10–17, Sa 10–12.30 Uhr

Kneipp-Museum ➡ C9
Klosterhof 1, Bad Wörishofen
✆ (082 47) 39 56 13, www.kneippmuseum.de
Feb.–15. Nov. Di–So 15–18, Mi auch 10–13, 26. Dez.–6. Jan. Di–So 15–17, Mi auch 10–12 Uhr, Eintritt € 3/1,50
Leben und Werk des Erfinders der Wasserkur.

Die Tenne ➡ C9
Hauptstr. 40, Bad Wörishofen
✆ (082 47) 963 60, https://adler-bw.de

Kurhaus

Wassertreten – eine der 5 kneipp'schen Säulen und Teil des immateriellen Kulturerbes

Wer vorne sitzt, wird nass: Wildwasserbahn im SkylinePark

Tägl. 11–24 Uhr, warme Küche 11–13.45 und 17–21 Uhr, dazwischen kalte/warme Brotzeitkarte
Rustikal eingerichtetes Lokal im Traditionshotel Adler mit ansprechender bayerischer und allgäu-schwäbischer Küche unter Verwendung von regional hergestellten Produkten. Dazu gibt es selbstgebrauten Adler-Bierlikör. €€

SkylinePark ➡ C9
Im Hartfeld 1, 86871 Rammingen
✆ (082 45) 966 90, www.skylinepark.de
Ende März–Anfang Nov., Öffnungszeiten siehe Website, Eintritt ab 150 cm € 28, 110–150 cm € 23
Mit über 60 Attraktionen gilt der SkylinePark als einer der spannendsten Erlebnisparks Bayerns. Besonders beliebt sind das Sky Wheel und die höchste Überkopfachterbahn der Welt.

Therme Bad Wörishofen ➡ C9
Thermenallee 1, Bad Wörishofen
✆ (082 47) 39 93 00
www.therme-badwoerishofen.de
Therme und Sauna (Zutritt ab 16 Jahren) Mo–Mi 10–22, Do/Fr 10–23, Familiensamstag 9–18 (ohne Altersbegrenzung), Saunasamstag (textilfrei) 19–24, So 9–22 Uhr, **Sport-** und **Familienbad blueFUN** Mo–Fr 11–20, Familiensamstag 9–18, Sa blueFUN (separat buchbar) 18.30–20, So 9–20 Uhr

Abendstimmung in der Therme Bad Wörishofen

Eintritt Thermenparadies € 17 (2 Std.), € 23 (4 Std.), € 32 (Tageskarte), Übergang Saunaparadies plus € 10, Übergang Familienbad gratis außer So plus € 3
Die Therme ist Touristenmagnet.

Kneipp-Waldweg ➡ C9
Bad Wörishofen
Schöner 8,4 km langer Wanderweg, auf dem man auch einiges über die Kneippschen fünf Elemente erfährt. Start: Parkplatz beim Trimmpfad Schöneschacherstraße im Westen des Kurparks.

Buxheim ➡ C6
Eine Fahrt nach Buxheim im Nordwesten von Memmingen ist ein lohnenswertes Unterfangen, wenn man sich für Kirchen- bzw. Klostergeschichte interessiert. Hier steht nämlich die am besten erhaltene Kartauseranlage Deutschlands, die **Kartause Buxheim**. Angefangen hat es mit der Gründung eines dem Augsburger Domstift zugehörigen Kollegiatsstifts für Priester im Jahre 1100. 1402 wurde die verarmte Probstei Kartäusermönchen aus Christgarten bei Nördlingen übergeben, die sie im Laufe der Jahrhunderte erweiterten.

Kunsthistorisch gesehen erlebte das Kloster seine Blütezeit in den Jahren zwischen 1680 und 1740, als Ignaz Waibel das **Chorgestühl** schuf, das mit seinem beeindruckenden Formenreichtum bis heute als Kunstwerk von europäischem Rang gilt. Seine Geschichte hat es in sich, denn im Zuge der Säkularisation wurde es neben anderen Kunstgegenständen versteigert und in alle Welt verkauft, bevor es zwischen 1980 bis 1994 aus einem Frauenkloster in England zurückgeholt und gründlich restauriert wurde. Von den ehemals 36 Stühlen sind immerhin noch 31 erhalten. Auch der Kirchenraum der **Annakapelle** verdient besondere Aufmerksamkeit, denn er wurde nach dem Dreißigjährigen Krieg durch die Wessobrunner Brüder Zimmermann gründlich barockisiert, unter anderem, indem aus der einst rechteckigen Kapelle eine Rotunde geschaffen wurde. Zentrum der Klosteranlage ist der 394 Meter lange **Kreuzgang**, von dem nur 22 Mönchszellen abgehen, da zu jeder Zelle ein kleiner Garten gehörte. Das Leben in so einer Mönchszelle kann man gut im **Kartausenmuseum** nachempfinden, in dem man nicht nur mehr über die Kartause Buxheim, sondern auch über die Geschichte des Kartäuserordens erfährt.

Ein betender Kartäusermönch im Chorgestühl der ehemaligen Kartäuserklosterkirche in Buxheim

Kartause Buxheim ➡ C6
An der Kartause 15, 87440 Buxheim
✆ (083 31) 618 04, www.kartause-buxheim.de
April–Okt. tägl. 10–17 Uhr, sonst nur mit angemeldeter Führung, Eintritt € 5/3
Die Anlage spiegelt das Klosterleben wieder.

Kuppel der Annakapelle in der Kartause Buxheim

Kirchheim in Schwaben ➡ A8

Auch in der kleinen Ortschaft Kirchheim in Schwaben hat die mächtige Familie Fugger Spuren hinterlassen. Im Jahre 1551 kaufte Anton Fugger die gesamte Herrschaft von Ritter Hans Walter von Hirnheim. Anton Fuggers Sohn Hans ließ 1578–82 anstelle der vormaligen mittelalterlichen Burg das heutige **Schloss** erbauen, das aufgrund seiner Pracht schnell den Beinamen »Schwäbisches Escorial« erhielt. Tatsächlich war aber das 1546–73 im Renaissancestil erbaute Dachauer Schloss das Vorbild für den Bau. Besonders sehenswert im Fugger-Schloss ist nach wie vor der prunkvoll gestaltete **Zedernsaal** mit eindrucksvoller Kassettendecke aus 15 verschiedenen Holzarten, unter anderem auch aus dem Holz der Libanonzeder.

Einen Besuch wert ist auch die **Pfarrkirche St. Petrus und Paulus** mit der Familiengruft des 1598 verstorbenen Hans Fugger. Darüber hinaus sind hier auch einige eindrucksvolle Gemälde zu sehen, von denen eines, »Mariä Himmelfahrt«, Peter Paul Rubens zugeschrieben wird.

Fuggerschloss Kirchheim ➡ A8
Marktplatz, 87757 Kirchheim in Schwaben
✆ (01 51) 66 74 24 24, www.fuggerschlosskonzerte.de
Zedernsaal tägl. 9–12 und 14–17, Kirche und Park tägl. 9–18 Uhr
Renaissanceschloss der Familie Fugger aus dem 16. Jh.

Renaissanceschloss der Fugger in Kirchheim

Schwäbisches Bauernhof-museum in Illerbeuren

Kronburg ➡ D6
In der kleinen Gemeinde Kronburg beleben zahlreiche Touristen das Geschäft. Einer der Gründe: das etwas außerhalb des Ortes auf einem eiszeitlichen Moränenhügel thronende **Schloss Kronburg**, das von den Wäldern und Wiesen des idyllischen Illerwinkelgebiets umgeben ist. Erbaut wurde es erstmals um 1200 von einem Staufischen Dienstmannengeschlecht als einfache Burg, die in den Jahren 1490 bis 1536 zu einem kastellförmigen Burgschloss umgebaut wurde. Anfang des 17. Jahrhunderts ging die Anlage in den Besitz von Johann Eustachius von Westernach über, dessen männliche Linie im 19. Jahrhundert ausstarb. Die Linie Vequel-Westernach besteht jedoch bis heute fort, und so wird das Schloss noch immer von Nachkommen bewohnt und bewirtschaftet. Die heutigen Betreiber bieten nicht nur Führungen an, sondern organisieren regelmäßig Konzerte, Bankette und Märkte.

Nur etwa vier Kilometer westlich von Kronburg lädt in Illerbeuren das 9 **Schwäbische Bauernhofmuseum** Jung und Alt zu einem Besuch ein. In diesem einzigartigen Freilichtmuseum stehen mehr als 30 historische Gebäude aus vier Jahrhunderten. Vor dem geistigen Auge des Besuchers entsteht schnell ein Gesamtbild vom früheren Alltagsleben der schwäbischen Bauern. In das Bauernhofmuseum ist das **Schützenmuseum** integriert, in dem historische Waffen von der Armbrust oder der Luntenschlossmuskete bis hin zu Zimmerstutzen und Präzisionsgeräten unter Tage gezeigt werden.

Im Bauernhofmueum erfährt man viel zum früheren Leben schwäbischer Bauern

Südlich von Illerbeuren zieht die **Wallfahrtskirche Maria Steinbach** Gläubige in ihren Bann, denn sie gehört zu den beliebtesten Wallfahrtskirchen Süddeutschlands. Dabei wurde sie erst Mitte des 18. Jahrhunderts an der Stelle von zwei Vorgängerbauten errichtet, nachdem eine Madonnenfigur Anfang des 17. Jahrhunderts einen plötzlichen Pilgerstrom auslöste und ein größerer Kirchenbau gebraucht wurde. Seit 1984 informiert ein **Wallfahrtsmuseum** über die Geschichte der Wallfahrt in Maria Steinbach.

Kirche von Maria Steinbach bei Legau

9 Schwäbisches Bauernhofmuseum Illerbeuren ➡ D6
Museumsstr. 8, 87758 Kronburg (Illerbeuren)
✆ (083 94) 14 55 oder (083 94) 926 01 19 (Kasse)
www.bauernhofmuseum.de
Tägl. außer Mo März 10–16, April–Mitte Okt. 9–18, Mitte Okt.–Nov. 10–16 Uhr, Eintritt € 6/5
Auf dem weitläufigen Gelände des Freilichtmuseums wird Geschichte lebendig durch mehr als 30 Gebäude.

Wallfahrtsmuseum Maria Steinbach ➡ D6
Salvatorianer, Kirchhof 4
87764 Maria Steinbach
✆ (083 94) 925 80 10
https://bistum-augsburg.de
www.pilgerziele.de/maria-steinbach
Öffnungszeiten nach Vereinbarung

Seit dem 18. Jh. gibt es die Wallfahrt nach Maria Steinbach. Das Museum erzählt ihre Geschichte.

Schloss Kronburg ➡ D6
Burgstr. 1, Kronburg
✆ (083 94) 271
www.schloss-kronburg.de
Führungen April–Okt. (nur für Gruppen ab 15 Personen), Führung/Person € 8
Baron von Vequel-Westernach führt Besucher persönlich durch das Schloss.

Drei kupferne Hauben krönen das Renaissance-Rathaus von Memmingen

Memmingen ➡ C6
Memmingen ist in vielerlei Hinsicht überregional bekannt. Vor allem ist es das aber aufgrund des Flughafens, von dem aus zahlreiche Billigflieger ins europäische Ausland starten.

Wenn man in die 43 000 Einwohner-Stadt hineinfährt, wird man aufgrund des großen Gewerbegebiets nicht unbedingt erwarten, welch schmucke Altstadt Memmingen besitzt. Dabei ist es gerade diese, die für die ruhmreiche und vor allem in wirtschaftlicher Hinsicht ziemlich erfolgreiche Geschichte dieses Ortes steht. Und das gilt bis heute: Herausgeputzt und renoviert präsentiert sich das historische Zentrum dem Besucher mit **Bürger- und Patrizierhäusern** und erhaltenen Teilen der **Stadtbefestigung**. Viel zur charmanten Atmosphäre tragen auch die zahlreichen Plätze und vor allem der **Stadtbach** bei, der sich durch die Altstadt schlängelt.

Bei einer Führung im Antoniterhaus erfährt man mehr über die Mönche, die einst dort lebten

Entstanden ist die ehemalige freie Reichsstadt aus einem alemannischen Dorf namens *Mammingin* im 5. Jahrhundert in der Nähe eines ehemaligen römischen Wach- oder Siedlungspostens. Die meisten Funde aus dieser Zeit wurden im Bereich des Antoniterklosters gemacht. Im Jahre 1158 erklärte Herzog Welf IV. Memmingen schließlich zur Stadt, die vom 14. bis 16. Jahrhundert ihre Blütezeit erlebte. Während der Reformation und der Bauernkriege erlangte Memmingen große Bedeutung, weil am 20. März 1525 aufständische Bauern in der Kramer-zunft ihre zwölf Artikel, die weltweit erste Menschenrechtserklärung überhaupt, veröffentlichten. 1630 rückte die Stadt wieder in den Blickpunkt der europäischen Politik, als Wallenstein während des Dreißigjährigen Krieges vier Monate in der Stadt residierte. Das ist auch der Grund, warum seit 1980 alle vier Jahre die **Wallensteinfestspiele** veranstaltet werden. Mit rund 4500 Mitwirkenden hat sich das Historienfestspiel über den Generalissimus mittlerweile als europaweit größtes seiner Art etabliert.

Um die Stadt kennenzulernen, kann man zwei beschilderten Rundwegen, genannt roter und grüner Weg, folgen, die durch die historische Altstadt führen; oder man startet einfach am **Marktplatz** bei der Stadtinformation. Gleich nebenan erheben sich das 1589 errichtete und im 18. Jahrhundert umgestaltete **Rathaus** mit seinen drei Türmen und das **Steuerhaus.** Seine Arkadengänge erinnern an südländische Bauten dieser Art. Dritter im Bunde ist das rote **Haus der Großzunft** aus dem frühen 18. Jahrhundert.

»Die Beweinung Christi« (1509) von Bernhard Strigel im Strigelmuseum (Memmingen)

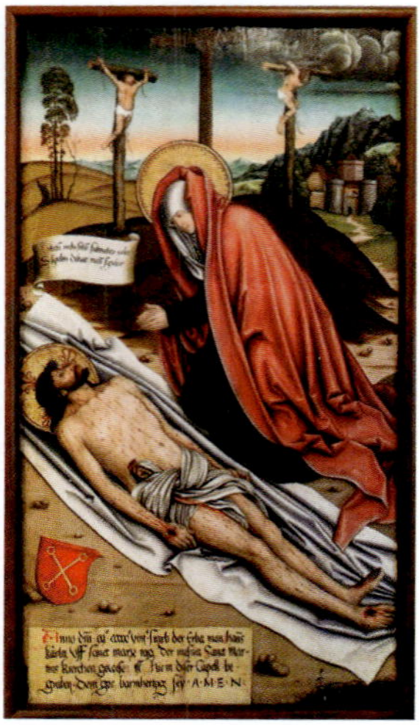

Sehenswert ist die zwischen 1325 und 1500 erbaute evangelisch-lutherische **St. Martinskirche** mit 65 Meter hohem Turm und einem geschnitzten Chorgestühl aus der Spätgotik. Nicht weit von hier steht das **Antonierhaus**, eine bis heute kaum veränderte Vierflügelanlage aus der zweiten Hälfte des 15. Jahrhunderts, in der einst die Mönche des Spitalordens der Antoniter wohnten. Heute sind in dem Gebäudekomplex das **Antonitermuseum** und das **Strigelmuseum** untergebracht, das in seiner beachtenswerten Ausstellung das Leben und Werk des einstigen Hofmalers Kaiser Maximilians I. veranschaulicht.

Auch den Blick auf den schlossähnlichen **Fuggerbau** sollte man nicht verpassen, der auch Wallenstein einst

Frauenkirche in Memmingen

als Unterkunft diente. Kunst- und Kirchenliebhaber sollten die Besichtigung der **Frauenkirche** mit Fresken der Künstlerfamilie Strigel aus dem 15. Jahrhundert und den **Kreuzherrnsaal** mit Wessobrunner Stuck von Matthias Stiller einplanen.

Eines der sieben Wahrzeichen Memmingens ist das gut erhaltene **Siebendächerhaus** mit aufklappbaren Seitenluken. Diese ermöglichten den Gerbern der Stadt das bessere Trocknen ihres Leders.

Tourist Information ➡ C6
Marktplatz 3, 87700 Memmingen
✆ (083 31) 850 172 oder (083 31) 850 173
www.memmingen.de
Mo–Fr 9–17, Sa 9.30–12.30 Uhr

MEWO Kunsthalle Memmingen ➡ C6
Bahnhofstr. 1, Memmingen
✆ (083 31) 85 07 71, www.mewo-kunsthalle.de
Di–So 11–17 Uhr, Eintritt frei
Im ehemaligen königlichen bayrischen Postgebäude wird zeitgenössische Kunst gezeigt.

Museen im Antonierhaus ➡ C6
Strigelmuseum/Antonitermuseum
Martin-Luther-Platz 1, Memmingen
✆ (083 31) 85 02 45, www.memmingen.de
Di–So/Fei 10–17 Uhr, Eintritt frei
Die Museen widmen sich der Ordensgeschichte und den Werken der Künstlerfamilie Strigel.

Zwischen den Häusern von Memmingen schlängelt sich malerisch der Stadtbach

Marktplatz mit Blick auf die St. Martinskirche in Memmingen

St. Martinskirche ➡ C6
Martin-Luther-Platz 8, Memmingen
✆ (083 31) 85 69 20, www.stmartin-memmingen.de
Mai–Sept. 10–17, Führungen auf Martinsturm Mai–Okt. tägl. 15 Uhr
Die St. Martinskirche ist eine der ältesten Kirchen Oberschwabens, ihr 65 m hoher Turm eines der Wahrzeichen von Memmingen.

Ristorante Palazzo ➡ C6
Goldhoferstr. 7 (Apollo-Center), Memmingen
✆ (083 31) 490 68 55, Di–Fr 11.30–14 und 18–22.30, Sa 18–22.30, So 11.30–14 und 17.30–22 Uhr
Beliebtes italienisches Restaurant im Apollo-Center außerhalb der Altstadt mit hervorragender Pizza und freundlicher Bedienung. €€

Zur Blauen Traube ➡ C6
Kramerstr. 8, Memmingen
✆ (083 31) 33 26, www.zur-blauen-traube-mm.com
Mo–Fr 11–23 (Wintersaison ab 16), Sa 9–23, So/Fei 11–22 Uhr
Gutbürgerliche Allgäuer Küche im Herzen der Altstadt. €

Fischertag und Kinderfest ➡ C6
✆ (083 31) 49 50 65, www.fischertagsverein.de
Jährlich letztes Wochenende im Juli

Traditionelles Bachausfischen in mittelalterlichen Gewändern und dem sogenannten Bären (Fischernetz) in der Stadt. Ein Tag vorher findet immer das Kinderfest statt.

Wallensteinfestspiele ➡ C6
✆ (083 31) 49 50 65, www.wallenstein-mm.de
Alle vier Jahre im Juli (nächstes Mal 2024)
Großes Historienfestspiel mit ca. 4500 Mitwirkenden.

Mindelheim ➡ B8
Das Zentrum des Landkreises Unterallgäu liegt an der gleichnamigen Mindel. 14000 Einwohner nennen die Kreisstadt ihr Zuhause. Dem Besucher fällt vor allem die gut erhaltene **Stadtbefestigung** mit zahlreichen Toren und Türmen ins Auge, die eine schmucke Altstadt mit zahlreichen dicht aneinander gebauten **Bürgerhäusern** umgibt. Hoch über der Stadt thront auf dem Georgenberg die **Mindelburg**, die vermutlich 1160 zum Schutz der Salzstraße zwischen München und Bodensee errichtet wurde. Das heutige Aussehen stammt aus den Jahren 1650 bis 1670, als sie nach kriegerischen Auseinandersetzungen zum wiederholten Male wiederaufgebaut werden musste. Eine Besonderheit in der Geschichte der Stadt ist eine Episode zwischen 1705 und 1715, als das neu geschaffene Reichsfürstentum Mindelheim für kurze Zeit im Besitz des englischen Feldherrn John Churchill war, des ersten Duke of Marlborough.

Die aus dem 12. Jh. stammende Mindelburg hoch über der Stadt Mindelheim

Altstadt von Mindelheim

Eine der eindrucksvollsten Sehenswürdigkeiten in Mindelheim ist die barocke **Jesuitenkirche Mariä Verkündigung** mit einem farbenfrohen Innenraum, figürlichem Stuckwerk mit Szenen aus dem Leben Maria, drei mächtigen Altären und der Xaveriuskapelle. Nicht weit von hier erhebt sich der 48 Meter hohe Kappelturm der ehemaligen **Silvesterkirche**, in der das **Turmuhrenmuseum** mit rund 50 Uhren aus der Zeit zwischen 1562 und 1933 seinen Sitz hat. Im **Kloster Heilig-Kreuz** beten seit über 550 Jahren die Franziskanerinnen, hier ist aber auch das Mindelheimer **Heimatmuseum** untergebracht. Direkt daneben steht die neuromantische **Pfarrkirche St. Stephan** mit 70 Meter hohem Turm, die unter anderem wegen des prachtvollen Rotmamorgrabmals von Herzog Ulrich von Teck und seiner Frau Ursula von Baden in der Turmkapelle einen Besuch wert ist. Im Zentrum der Stadt bestimmt das mit der Bronzestatue Georg von Frundsberg geschmückte **Rathaus** das Aussehen des Marktplatzes.

Mariensäule auf dem Marienplatz in der Altstadt von Mindelheim

Tourist Information ➡ B8
Maximilianstr. 26, 87719 Mindelheim
✆ (082 61) 99 15 20, www.mindelheim.de
Mo–Fr 9.30–12.30 und 14–17 Uhr

Heimatmuseum ➡ B8
Hauberstr. 2, Mindelheim
✆ (082 61) 909 76 90

Do und jeden zweiten So im Monat 14–17 Uhr
Eintritt € 2,50/2
Hausrat, Kunst, eine Bierkrug- und eine Spielzeugsammlung.

Schwäbisches Turmuhrenmuseum ➡ B8
Hungerbachgasse 9, Mindelheim
✆ (082 61) 90 97 60, www.mindelheim.de
Mi und letzter So im Monat 14–17 Uhr (nur mit Führung), Eintritt € 2,50
Erste und umfangreichste Uhrensammlung des Landes.

Weberhaus ➡ B8
Mühlgasse 1, Mindelheim
✆ (082 61) 73 72 72
Di–Fr 17.30–22, Sa/So 17.30–21, Mi–So auch 11–14 Uhr
Typische Allgäuer Küche in einem altem, gemütlichen Mehlhändlerhaus. €€

Frundsbergfest ➡ B8
Mindelheim, www.frundsbergfest.de
Ende Juni/Anfang Juli (alle drei Jahre, nächster Termin 2021)
Das Frundsbergfest findet regelmäßig zu Ehren des Ritters und Kaiserlichen Feldhauptmannes Georg von Frundsberg statt.

Das Frundsbergfest findet bereits seit 1853 statt

Ottobeuren ➡ C7

Das Unterallgäu sollte man nicht verlassen, ohne in Ottobeuren gewesen zu sein. In der kleinen, 8000 Einwohner zählenden Ortschaft steht inmitten des historischen Zentrums die ⑩ **Benediktinerabtei Ottobeuren** mit der imposanten **Barockbasilika**. Majestätisch erhebt sich der Kirchenbau auf einem weiten, etwas erhöhten Platz. Allein die Grundmaße von knapp 90 mal 60 Meter sowie die über 80 Meter hohen Zwiebeltürme des zwischen 1737 und 1766 gebauten Gotteshauses beeindrucken. Ungewöhnlich ist die Ausrichtung nach Süden anstatt nach Osten. Auch innen spart die Basilika nicht mit Reizen. Trotz zahlreicher Seitennischen und des weiträumigen Querschiffs wirkt der Kirchenraum nicht überladen.

Einen besonderen Stellenwert haben die beiden **Riepp-Orgeln**, die von dem aus Ottobeuren stammenden Orgelbaumeister Karl Joseph Riepp erbaut wurden. Vom einzigartigen Klang kann man sich zwischen Februar und November jeweils um 16 Uhr bei einem meist kostenlosen Konzert überzeugen lassen.

Luftaufnahme von Ottobeuren

Marktplatz mit Basilika

An die Basilika schließt die riesige **Klosteranlage** an, in der unter anderem das **Klostermuseum**, aber auch die Klosterbibliothek mit über 15 000 historischen Bänden Besuchern offenstehen. Regelmäßig finden Konzerte sowohl im barocken Kaisersaal als auch in der Basilika statt.

Tourist Information ➡ C7
Marktplatz 14, 87720 Ottobeuren
✆ (083 32) 92 19 50, www.ottobeuren.de
Mo–Fr 9–12.30 und 14–17, Mai–Sept. auch Sa 10–12 Uhr

10 Basilika und Klostermuseum ➡ C7
Sebastian-Kneipp-Str. 1, Ottobeuren
✆ (083 32) 79 80, https://abtei-ottobeuren.de
Basilika: tägl. 9 Uhr bis Sonnenuntergang, Do 13–15 Uhr nur eingeschränkt
Museum: Palmsonntag bis Allerheiligen tägl. 10–12 und 14–17 Uhr, sonst eingeschränkte Öffnungszeiten
Klosterladen: Mo 13.30–17.30, Di–Sa 9–12.30, 13.30–17.30 Uhr, So/Fei nachmittags
Museum Eintritt € 4/1
Das Museum zeigt Schnitzwerk, Altartafeln und Gemälde von der Gotik bis zum Barock.

Gasthof zum Mohren ➡ C7
Marktplatz 1, Ottobeuren
✆ (083 32) 921 30, http://gasthof-mohren.de
Tägl. 7–24 Uhr
Traditionsreicher Gasthof mit gediegener deutscher Küche. €€ ■

Ora et labora

Benediktinerabtei in Ottobeuren

Ottobeuren, Bayern

Leonard Bernstein ließ sich von der fantastischen Akustik im Innenraum inspirieren, Herbert von Karajan fand in der einmaligen Schönheit das geeignete Ambiente. Bis heute sind die Ottobeurer Konzerte in ganz Deutschland ein Begriff. Die Benediktinerabtei Ottobeuren mit ihrer beeindruckenden Basilika prägt seit Jahrhunderten das Bild der Stadt im Allgäu und wird als Schwäbischer Escorial bezeichnet. Die gewaltige Kirche mit ihrer Doppelturmfassade und den angrenzenden Klostergebäuden besticht durch Schönheit und imposante Eleganz. Seit über 1200 Jahren leben und arbeiten in den monumentalen Klostergebäuden Mönche nach den strengen Regeln des heiligen Benedikt. Ursprünglich um 764 gegründet und im Dreißigjährigen Krieg schwer beschädigt, wurde die Anlage im 18. Jahrhundert wiederaufgebaut und erstrahlt heute im barocken Glanz.

Benediktinerabtei Ottobeuren: Innenansicht der prachtvollen Barockbasilika.

Im Jahr 1766, rechtzeitig zur offiziellen 1000-Jahr-Feier der Abtei, wurde der Neubau der Kirche geweiht. Sie gilt als eines der Hauptwerke der spätbarocken Kirchenarchitektur. Groß, ausladend und hell, geschmückt mit Marmorsäulen, farbintensiven Wand- und Deckenmalereien soll sich hier die Macht der Schöpfung spiegeln.

Johann Michael Fischer errichtete die imposante Rokokokirche und Johann Michael Feuchtmayer war für die großartigen Stuckarbeiten im Inneren verantwortlich. Sehenswert ist ebenfalls das romanische Kruzifix aus dem Jahr 1220. Auch die Klostergebäude lohnen einen Besuch. Die Bibliothek geht auf die Gründungszeit des Klosters zurück, hier werden 15000 in Leder gebundene Folianten aufbewahrt. Besonders der Kaisersaal zeigt den damaligen Reichtum der Abtei und das Repräsentationsbedürfnis jener Zeit. Für die Ottobeurer Konzerte werden sowohl die Kirche als auch der Kaisersaal genutzt. Außerdem finden in der Basilika regelmäßig Orgelkonzerte statt, bei denen zwei der drei Instrumente des berühmten Orgelbauers Karl Joseph Riepp erklingen.

Info: Ottobeuren liegt ca. 70 km südlich von Ulm. **Info Benediktinerabtei Ottobeuren:** Sebastian-Kneipp-Str. 1, 87724 Ottobeuren, Tel. (083 32) 79 80, https://abtei-ottobeuren.de/, Öffnungszeiten der Basilika tägl. Mai–Okt. 9–19, Nov.–April 9–17 Uhr, Führung nach Ostern–Okt. Sa 14.15 Uhr, Pforte des Klosters Mo–Sa 7.30–12 und 13.30–18, So/Fei 9–12 und 13.30–17 Uhr, Museum Palmsonntag–Allerheiligen tägl. 10–12 und 14–17 Uhr. Konzertkarten: Touristikamt, Marktplatz 14, 87724 Ottobeuren, Tel. (083 32) 92 19 50, www.ottobeuren.de. **Reisezeit:** April–Okt.

Trassenüberreste der einstigen Römerstraße Via Claudia Augusta im abgelassenen Forggensee bei Füssen im Allgäu

Daten zur Geschichte

13 000 v. Chr.	Rentierjäger durchstreifen das Gebiet in Oberschwaben, wie altsteinzeitliche Funde in Bad Schussenried belegen.
6000 v. Chr.	Mittelsteinzeitliche Funde im Kleinwalsertal bezeugen, dass in der Region bereits Bergbau betrieben wird.
3500 v. Chr.	In der Jungsteinzeit werden am Bodensee und in Mittelschwaben Menschen als Bauern sesshaft.
1500 v. Chr.	Einzelfunde zeigen, dass sich die Bauern mittlerweile auch in gebirgsnahen Regionen ansiedeln.
1200 v. Chr.	Illyrer aus der ungarischen Tiefebene siedeln sich in Schwaben an und sind bereits mit der Technik der Metallverarbeitung vertraut.
500 v. Chr.	Die Kelten lassen sich im heutigen Gebiet des Allgäu nieder und gründen befestigte Siedlungen, darunter auch *Kamdobounon*, das heutige Kempten.
15 v. Chr.	Unter der Führung von Drusus und Tiberius erobern die Römer das Voralpengebiet bis zur Donau. Das Allgäu gehört nun zur römischen Provinz *Raetia*, aus dem keltischen Kambodounun wird die Garnisonsstadt *Cambodunum*.
233 n. Chr.	Alemannen durchbrechen erstmals den römischen Limes (Grenzwall) und besetzen die römische Provinz *Raetia*. Die Stadt *Cambodunum* (Kempten) wird teilweise zerstört, im Jahr 259/260 wird sie ein zweites Mal durch die Alemannen verwüstet.
488	Die letzten römischen Truppen verlassen auf Befehl Odoakers die Region.
536–911	Die Franken unterwerfen die Alemannen. In diese Zeit fällt auch die Christianisierung der Region.
752/764	Gründung der Benediktinerklöster Kempten und Ottobeuren, die sich nicht nur zu geistlichen, sondern auch zu wirtschaftlichen und kulturellen Zentren entwickeln.
817	In einer St. Galler Urkunde wird der Name Allgäu als *Albigauge* erstmals erwähnt. Damit

Kaiser Friedrich I. Barbarossa mit seinen Söhnen König Heinrich VI. und Herzog Friedrich von Schwaben (Welfenchronik 1179–91)

ist zunächst nur die Gegend um Oberstdorf und Sonthofen gemeint.

911 Das Ostfränkische Reich zerfällt in die fünf Stammesherzogtümer Franken, Sachsen, Bayern, Lothringen und Schwaben.

1070 Die Welfen dehnen in den Folgejahren ihren Besitz vom Stammgut zwischen Füssen und Augsburg auf Schwaben, Bayern, Tirol und Graubünden aus.

1078 Der salische Kaiser Heinrich IV. belehnt den Staufer Friedrich I. mit dem Herzogtum Schwaben und gibt ihm seine Tochter Agnes zur Ehefrau.

Ab 1138 Mit Konrad III. wird erstmalig ein Staufer zum römisch-deutschen König gewählt. Mehr als ein Jahrhundert lang stellen die Staufer nun die Könige und Kaiser und machen Schwaben damit zum Stammland des deutschen Kaiserhauses.

1268 Nach dem Tod des Staufers Konradin zerfällt das Herzogtum Schwaben in kleine weltliche oder geistliche Einheiten. Als dritte Kraft etablieren sich freie Reichsstädte wie Lindau, Wangen, Isny, Leutkirch, Kempten, Memmingen oder Kaufbeuren.

1488 Die Städte und Stifte Schwabens schließen sich zum Schwäbischen Bund zusammen,

Konradin von Hohenstaufen aus dem Codex Manesse

Ansicht von Lindau auf einem Kupferstich von Georg Braun und Frans Hogenberg (Köln, um 1572)

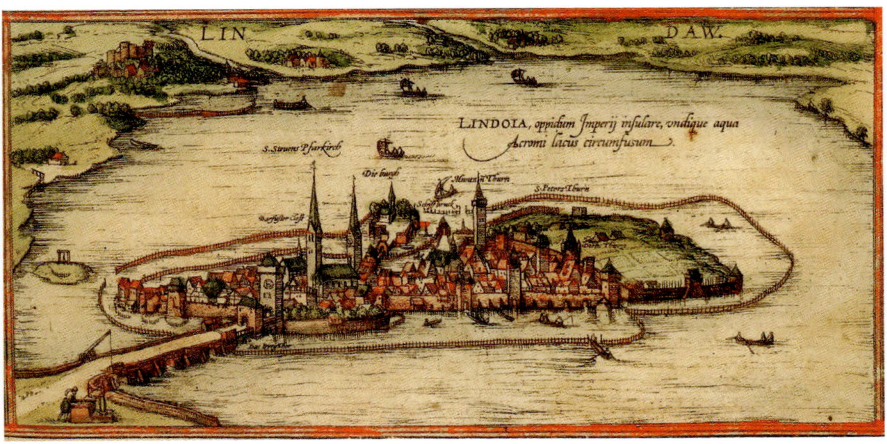

um dem Machtstreben der Wittelsbacher Herzöge entgegenzuwirken.

1525 Am 15. März veröffentlichen die Memminger ihre zwölf Bauernartikel – die erste Menschenrechtserklärung Europas. In der Folge kommt es zum Bauernaufstand (Allgäuer Haufen). Unter anderem wird die Aufhebung der Leibeigenschaft eingefordert. Doch die Truppen des Schwäbischen Bundes schlagen den Aufstand brutal nieder.

1525–46 Bürger der schwäbischen Reichsstädte Augsburg, Memmingen, Kempten, Leutkirch und Isny bekennen sich zur Lehre Martin Luthers.

1555 Der Schwäbische Bund löst sich aufgrund der unterschiedlichen konfessionellen Auffassungen seiner Mitglieder auf.
Beschluss des Augsburger Religionsfriedens, dessen Grundsatz *cuius regio, eius religio* besagt, dass der jeweilige Landesherr die Religion auswählen darf, seine Untertanen sich aber nach ihm richten müssen.

1618–48 Der Dreißigjährige Krieg und die Pest bringen auch ins Allgäu Elend, Plünderung und Verwüstung. Im Verlauf des Krieges wird die Allgäuer Bevölkerung um zwei Drittel dezimiert.

1701–14 Während des Spanischen Erbfolgekrieges werden besonders Memmingen und Kempten,

Martin Luther verteidigt sich gegen Kardinal Cajetan in Augsburg

Ab Mitte des 19. Jh. wird Schloss Neuschwanstein an der Romantischen Straße gebaut

aber auch das Westallgäu von Zerstörungen und Plünderungen heimgesucht.

Ende des 18. Jh. Die Flurbereinigung beziehungsweise die Vereinödung im Allgäu, die seit dem 16. Jahrhundert stattfindet und in deren Verlauf ganze Dörfer aufgelöst und stattdessen Einzelhöfe errichtet werden, erreicht ihren Höhepunkt.

1796 Die französische Revolutionsarmee zieht in Memmingen und Kempten ein und schlägt am 3. Dezember 1800 das bayrisch-österreichische Heer bei Hohenlinden.

1802/03 Es folgt die Säkularisation der Klöster, die verstaatlicht und von nun an als Wohnhäuser, Gefängnisse oder Lagerhallen verwendet werden. Wertvolle Kunstgegenstände werden zerstört oder entwendet.

1803–10 Neugliederung Süddeutschlands durch Napoleon mit Wirkung bis in die Gegenwart: Bayern wird der größte Teil des Allgäus zugesprochen, Württemberg erhält den kleineren Teil. Den freien Reichsstädten wird ihr Sonderstatus entzogen.

Ab Mitte 19. Jh. Da die industrielle Baumwollverarbeitung in England der Flachsverarbeitung den Rang abläuft, stellen zahlreiche Bauern auf Milchwirtschaft um: Aus dem »blauen« Allgäu der Flachswirtschaft wird das »grüne« Allgäu der Milchwirtschaft. Gleichzeitig entstehen die ersten Spinnerei- und Webereifabriken.

1827 Der Schweizer Senn Johann Althaus bei Lindenberg führt die Käseherstellung nach

König Ludwig II. von Bayern vor Schloss Neuschwanstein

Schweizer Vorbild ein – die Geburtsstunde des Allgäuer Emmentalers.

1832 Kronprinz Maximilian lässt die Ruine Schwanstein zum Schloss Hohenschwangau umbauen. In dem Sommersitz der Königsfamilie verbringt auch der spätere Märchenkönig Ludwig II. seine Kindheitsjahre.

1847 Die Bahnlinie von Augsburg nach Kaufbeuren wird eröffnet. Die erste Zugstrecke im Allgäu wird sechs Jahre später bis nach Lindau erweitert.

1853 Das Mindelheimer Frundsbergfest wird erstmals gefeiert. Im Laufe der Zeit entwickelt sich das alle drei Jahre stattfindende Spektakel zu einem der größten historischen Stadtfeste Deutschlands.

1864 Ludwig II. wird Thronfolger von Maximilian II.

1869 Baubeginn von Schloss Neuschwanstein.

1877 Die ersten Sommerfrischler kommen ins Allgäu, der Tourismus beginnt sich zu entwickeln.

1886 Pfarrer Sebastian Kneipp aus Wörishofen löst mit der Veröffentlichung seines Buches »Meine Wasserkur« eine Welle der Begeisterung aus. In den darauffolgenden Jahren wird Wörishofen zum Zentrum der Kneipp-Kuren.

König Ludwig II. kommt unter bis heute ungeklärten Umständen im Starnberger See ums Leben. Die Bauarbeiten am Schloss Neuschwanstein werden bald darauf eingestellt.

1898 Der erste Dieselmotor der Welt wird in einer Zündholzfabrik in Kempten in Betrieb genommen.

1921 Die bis heute bestehende »Allgäuer Butter- und Käse-Börse« in Kempten wird gegründet.

1943 Die Nationalsozialisten richten zuerst in Kottern, einem Stadtteil von Kempten, und dann im Ortsteil Weidach der Gemeinde Durach ein Außenlager des Konzentrationslagers Dachau ein.

1945 US-amerikanische und französische Truppen besetzen das Gebiet des Allgäus.

1945–47 Heimatvertriebene aus Böhmen und Schlesien

vergrößern die Allgäuer Bevölkerung um ein Drittel.

1950 Das Allgäu entwickelt sich zu einer der beliebtesten Ferienregionen Deutschlands.

1972 Im Rahmen einer Gebietsreform werden im bayrischen Teil des Allgäus die Landkreise und Gemeinden neu gegliedert.

1980 Die Wallensteinfestspiele, heute Europas größte Historienfestspiele, finden erstmals in Memmingen statt.

1990 Das »Ökomodell Hindelang« wird eingeführt und steht für sanften Tourismus im Allgäu.

2001 Papst Johannes Paul II. spricht die Nonne und 1740 zur Oberin gewählte Crescentia Höß aus dem Kloster Kaufbeuren heilig.

2011 Rund um Schloss Neuschwanstein wird der 125. Todestag des Märchenkönigs Ludwig II. gefeiert.

2017 Die Region Allgäu zelebriert ihr 1200-jähriges Bestehen. Sie wurde 817 erstmals schriftlich erwähnt.

2018 Die Stadt Kempten feiert 200 Jahre vereintes Kempten. Noch Anfang des 19. Jh. war Kempten geteilt: Es gab die Reichsstadt und die Stiftsstadt.

2020 Das Coronavirus bricht aus. Zahlreiche Veranstaltungen müssen abgesagt werden, darunter auch die Allgäuer Festwoche in Kempten. ■

Gefechtsdarstellung auf den Wallensteinfestspielen in Memmingen

Das Allgäu in Zahlen und Fakten

Geografie: Wo genau das Allgäu beginnt und aufhört ist umstritten. Im Großen und Ganzen umfasst es aber die Region zwischen den Alpen im Süden mitsamt dem Kleinwalsertal und Jungholz in Österreich, dem Lech im Osten, den Städten Lindau und Wangen im Westen sowie Memmingen, Babenhausen und Buchloe im Norden. Auf deutschem Boden gehören etwa 80 Prozent der Fläche zu Bayern und 20 Prozent zu Baden-Württemberg. Die von Norden nach Süden ansteigende und immer hügeliger werdende Landschaft ist eine typische Moränenlandschaft, die in Folge des Schutts und Gerölls entstand, den die riesigen Gletscher während der letzten Eiszeit vor etwa 20000 Jahren vor und auch unter sich herschoben. Das Abschmelzen am Ende der Eiszeit führte zu Gletscherseen, deren Abflüsse sich im Laufe der Jahrtausende tief ins Gestein geschliffen haben.
Flüsse und Seen: Von den ehemaligen Gletscherseen ist im Allgäu nicht viel übrig geblieben. So existierte auf dem Gebiet des heutigen Forggensees einstmals der bedeutend größere Lechsee. Mit 247 Hektar Wasseroberfläche ist der Große Alpsee der größte Natursee des Allgäus. Danach folgt der Hopfensee bei Füssen. Die europäische Fließwasserscheide verläuft durch das Allgäu. Daher münden die Iller und der Lech mit seinem Nebenfluss Wertach in die Donau, die Obere und die Untere Argen aber in den Bodensee.
Höchste Berge: Großer Krottenkopf (2656 m) und Hohes Licht (2651 m) in Österreich sowie Hochfrottspitze (2649 m) und Mädelegabel (2645 m) in Deutschland/Österreich
Einwohner: In der Tourismusregion Allgäu leben ca. 640000 Menschen. Davon sind etwa ein Viertel in den größten Städten Kempten, Kaufbeuren, Memmingen und Lindau gemeldet.
Bevölkerungsdichte: Mit etwa 133 Einwohnern pro km^2 ist das Allgäu eher dünn besiedelt.
Wirtschaft: Das Allgäu lebt heute in zunehmenden Maße vom Tourismus. Aus diesem Grund fällt auch das »Bauernsterben« nicht so dramatisch aus wie in anderen Regionen Deutschlands, denn die Landschaft mit ihren grünen Hügeln und braunen Kühen stellt für zahlreiche Touristen den Inbegriff von ländlicher Idylle dar. Bis ins 18. Jahrhundert war das »Grüne Allgäu« allerdings ein »Blaues Allgäu«, da hier lange Zeit Flachs für die Produktion von Leinwänden die Landschaft färbte. Mit der einsetzenden Industrialisierung rentierte sich der Anbau nicht länger. Nun rückte die Milchproduktion in den Vordergrund, bis heute spielt sie in der Landwirtschaft die zentrale Rolle. Heute ist das Allgäu auch Sitz zahlreicher weltweit agierender Unternehmen wie beispielsweise der Firma Traktoren Fendt, größter Arbeitgeber im Ostallgäu.

Anreise

Mit dem Auto
Von München führt die A 96 über Memmingen und Leutkirch nach Lindau. Von Norden gelangt man über die A 7 bis nach Kempten, Nesselwang und Füssen. Bei einer Anreise im Winter sollte man Winterreifen aufziehen und Schneeketten dabei haben.

Mit der Bahn
Mit dem ICE kommt man bis Stuttgart, Ulm, Augsburg oder München, von dort fahren Regionalzüge meist über Memmingen, Kempten oder Kaufbeuren bis Lindau, Oberstdorf, Pfronten, oder Füssen. Direktverbindungen gibt es u. a. ab Hannover über Dortmund und Köln und ab Hamburg, Nürnberg und München.

Hinweise für die Einreise nach Österreich
Seit dem Schengener Abkommen sind Personenkontrollen an der deutsch-österreichischen Grenze entfallen. Dennoch müssen sich deutsche Staatsangehörige mit einem gültigen Personalausweis oder Reisepass ausweisen können. Seit dem 1. Oktober 2017 ist es in Österreich an allen öffentlichen Orten nicht mehr erlaubt,

Für Mensch und Tier: Ruhepause auf der Alm

das Gesicht durch Kleidung oder andere Gegenstände zu verhüllen bzw. zu verbergen.

Für Lenker eines Fahrzeugs gilt eine Höchstgrenze von 0,5 Promille, das Mitführen von Warnwesten ist Pflicht. Von November bis 15. April müssen bei winterlichen Verhältnissen Winterreifen montiert sein. Die Nutzung von Autobahnen ist gebührenpflichtig. Eine 10-Tages-Vignette kostet € 9,40 (Stand 2020). Seit November 2017 kann alternativ auch eine Digitale Vignette erworben werden. Weitere Infos unter: www.oeamtc.at.

Auskunft

Wer sich zunächst einen allgemeinen Überblick über das Allgäu verschaffen möchte, kann sich an folgende Adresse wenden:

Allgäu GmbH ➡ bD2
Allgäuer Str. 1, 87435 Kempten
✆ (083 23) 802 59 31, www.allgaeu.de
Mo–Fr 8–18, Sa/So/Fei 10–18 Uhr

Gästekarten
Eine zentrale Rabattkarte oder Gästekarte gibt es im Allgäu nicht. Stattdessen bieten verschiedene Regionen eigene Karten an. Die bekannteste unter ihnen ist die **Allgäu-Walser-Card,** die nicht nur im Oberallgäu

Alphornbläser im Allgäu

Markttreiben in Schmidsfelden

und im österreichischen Kleinwalsertal, sondern auch rund um Kempten zahlreiche Vergünstigungen bietet: Dazu zählt etwa ein ermäßigter Eintritt in über 200 Freizeiteinrichtungen wie Bergbahnen, Skilifte, Museen, Schwimmbäder oder auch öffentliche und nicht öffentliche Verkehrsmittel. Die Gästekarte erhält man gratis sowohl bei zahlreichen Gastgebern und bei den meisten Touristeninformationen. Weitere Infos unter: ✆ (083 23) 994 91 50, www.allgaeu-walser-card.com.

Die **KönigsCard**, die in der Region rund um Füssen, Marktoberdorf, Nesselwang und Pfronten gültig ist, gewährt kostenlosen oder ermäßigten Eintritt bei mehr als 250 Anbietern. Weitere Infos gibt es unter: www.koenigscard.com.

Einkaufen

Da das Allgäu eine alpenländische Region ist, bieten Fachgeschäfte **Trachten** zum Kauf an. Wer sich für **Kunsthandwerk** aus dem Allgäu interessiert, sollte **Holzgeschnitztes, Getöpfertes** oder **Glasgeblasenes** erwerben. Schmuck gibt es vor allem in Kaufbeuren-Neugablonz, wo die Nachfahren der heimatvertriebenen Sudetendeutschen ansässig sind und die Tradition der Schmuckherstellung weiterführen. Sehr gefragt sind auch sogenannte **Fleckerlteppiche** (Flickenteppiche), die heute noch auf Handwebstühlen hergestellt und auf zahlreichen Märkten zum Verkauf angeboten werden.

Käse aus eigener Herstellung: die Käsküche Isny

Schweizer Käse im Allgäu

Angefangen hat es nicht, wie oftmals behauptet, mit Johann Althau, einem 1798 im Schweizer Emmental geborenen Sennermeister. Der hat zwar als erster die exportfähigen Zentnerleibe Emmentaler Käse im Allgäu hergestellt, aber eingeführt und erstmals in kleinerem Umfang produziert wurde der berühmte Käse aus der Schweiz schon vorher durch den ins Allgäu nach Haldenwang-Wagegg bei Kempten eingewanderten Schweizer Franz Schelbert (1749–1821). Nachdem die ersten wirtschaftlichen Erfolge eintraten, stellten immer mehr Bauern ihre Produktion von dem ohnehin nicht mehr so gefragten Flachs ein und fokussierten ihre Bemühungen nun voll auf die Milchproduktion, was dazu führte, dass die Felder im Sommer nicht mehr blau blühten, sondern sich nach und nach in grüne Wiesen mit grasenden Milchkühen darauf verwandelten – eben genau so, wie wir das Allgäu heute kennen. So, sagt man, wandelte sich das »blauen Allgäu« der Flachswirtschaft zum »grüne Allgäu« der Milchwirtschaft.

Seitdem hat sich das Allgäu als führende Region in Sachen Käseproduktion in Deutschland etabliert. Doch neben dem berühmten Emmentaler werden hier natürlich auch andere Käsesorten hergestellt. Vor allem Bergkäse erfreut sich immer größerer Beliebtheit. Oftmals produzieren ihn die kleineren der insgesamt etwa 90 Sennereien im Allgäu. Typisch für das Allgäu sind aber auch Romadur, ein Weichkäse mit Rotschmiere, sowie Limburger, auch bekannt als Backsteinkäse, der – wie der Name schon sagt – in seiner Form einem Backstein nicht unähnlich sieht. Darüber hinaus werden im Allgäu auch Weinkäse und, leider immer seltener, Weißlacker hergestellt. Der ziemlich stinkende Käse aus Wertach wurde von den Gebrüdern Kramer angeblich nur deshalb erfunden, weil man einen Limburger Käse in der Salzlake vergessen hatte. Als er nach einem halben Jahr wiederentdeckt wurde, stellten die Senner fest, dass sein Geschmack gar nicht so schlecht war. Auch heute werden immer wieder neue Käsesorten im Allgäu entwickelt, so zum Beispiel Heublumenkäse, Bockshornkleekäse und Bärlauchkäse.

Das Allgäu sollte man nicht verlassen, ohne eine Allgäuer Spezialität im Gepäck zu haben. Vor allem **Käse**, egal ob Emmentaler oder Bergkäse, der nach alter Handwerksart hergestellt wird und im Direktverkauf erworben werden kann, ist (gut verschlossen und gekühlt) ein gefragtes Mitbringsel.

Darüber hinaus erfreuen sich natürlich auch alkoholische Getränke wie **Obstler, Wein** oder **Bier** aus dem Allgäu hoher Beliebtheit.

Essen und Trinken

Wie man vor Ort schnell feststellen wird, besteht die typische Allgäuer Küche vor allem aus Mehlspeisen, die in vielen Variationen und oftmals mit geschmolzenem Käse serviert werden. Seitdem das Allgäu zum Teil zu Bayern gehört, ist der Einfluss der bayrischen Küche gewachsen. Teilweise haben die gleichen Gerichte unterschiedliche Namen, manchmal unterscheiden sie sich aber auch geringfügig.

Das bekannteste Gericht sind sicherlich **Spätzle**, die sich, in mehreren Schichten mit Käse und Zwiebeln dargereicht, als **Kässpätzle** (schwäbisch) oder **Kässpatzen** (bayrisch) auch außerhalb des Allgäus großer Beliebtheit erfreuen. Typisch für die Region sind auch **Knöpfle** (knopfförmige Minispätzle) und **Maultaschen** (z. B. mit Brät, Zwiebeln und Spinat gefüllte Teigtaschen).

Sennalpkäse

Darüber hinaus gibt es natürlich etliche Varianten, wie beispielsweise **Krautkrapfen** (Wickel aus Nudelteig mit Sauerkraut und Fleisch gefüllt), **Krautspätzle** (mit Sauerkraut vermischt) sowie **Spinatspätzle** (Spinatteig). Ausnahmsweise nicht aus Mehl hergestellt sind **Schupfnudeln**, die aus gepressten Kartoffeln hergestellt werden.

Sehr vorbildlich ist übrigens eine Initiative von rund 80 Allgäuer Restaurantbetreibern, die sich zu der Gemeinschaft **»LandZunge«** zusammengeschlossen haben. Sie verwenden möglichst Produkte aus der Region. Genauere Informationen dazu gibt es unter: www.landzunge.info.

Feste und Veranstaltungen

Die meisten Feste des Allgäus sind kirchlichen Ursprungs oder haben ihre Wurzeln in der jeweiligen Historie des Ortes. Darüber hinaus gibt es aber zahlreiche Traditionen, die sich am Lauf der Jahreszeiten orientieren, wie beispielsweise das **Funkenfeuer**, das am Abend des ersten Sonntags nach Fasnacht auf zahlreichen Bergen des Alpenvorlandes entzündet wird und das Ende der dunklen Jahreszeit markieren soll.

Im Mai steht das feierlich zelebrierte **Aufstellen des Maibaums** an, während ab Mitte September im Rahmen der **Viehscheid** in etwa 30 Ortschaften entlang der Alpenkette die geschmückten Rinder von den Bergen

Spektakel für Einheimische und Touristen: der traditionelle Viehscheid, das Heruntertreiben des Viehs von den Bergwiesen ins Tal

Das Maibaumaufstellen zieht jedes Jahr Touristen und Einheimische an

herabgetrieben werden (aktuelle Termine: www.allgaeu-viehscheid.de).

Beim **Klausentreiben**, das am 6. Dezember nach Einbruch der Dunkelheit beginnt, verkleiden sich ledige junge Männer mit Tierfellen und allerlei anderen Utensilien und schlagen mit Ruten nach den Schaulustigen.

Beliebte Stadt- oder Historienfeste im Allgäu sind das **Heilig-Blut-Fest** in Bad Wurzach, der **Fischertag** und die **Wallensteinspiele** in Memmingen sowie das **Frundsbergfest** in Mindelheim.

Hinweise für Menschen mit Handicap

Die Bemühungen im Allgäu, Menschen mit Behinderungen zu einem barrierefreien und damit angenehmen Aufenthalt zu verhelfen, sind groß. Vor allem in den Städten sind Behindertenparkplätze, abgesenkte Bordsteine und rollstuhlgerechte Fahrstühle beinahe schon selbstverständlich. Doch vor allem ländliche Gebiete haben noch allerlei aufzuholen. Dass allein die geografischen Bedingungen einen Urlaub für Menschen mit Behinderung schwierig machen können, versteht sich von selbst. Infos: www.allgaeu-tirol-barrierefrei.eu.

Füssen im Allgäu: Gelebte Tradition – auch in den vier örtlichen Trachtenvereinen

Internet

Folgende Websites sind hilfreich:
www.allgaeu.de
www.ostallgaeu.de
www.unterallgaeu-aktiv.de
www.oberallgaeu.de
www.westallgaeu.de
www.geopark-allgaeu.de
www.ok-bergbahnen.com
www.wetter-allgaeu.de
www.twitter.com/allgaeu
www.schlosspark.de
www.dein-allgaeu.de
www.all-in.de
www.allgaeu-tipp.de

Klima und Reisezeit

Weil die Alpen die warmen Luftströme des Mittelmeerraumes davon abhalten, sich nach Norden auszubreiten, wird das **Wetter** im Allgäu einerseits vom ausgeglicheneren atlantischen Klima und andererseits vom raueren Kontinentalklima bestimmt. Insgesamt lässt sich verkürzt sagen, dass das Wetter im Allgäu auch im Sommer oftmals recht wechselhaft ist und die Temperaturunterschiede zwischen Tag und Nacht größer werden, je näher die Berge sind. Die regenreichsten Monate sind Juni, Juli und

August. Dann scheint die Sonne am häufigsten rund um Lindau, während die Gegend um Oberstdorf oft bewölkt ist. Im Winter ist es dagegen genau dort und vor allem auf den schneebedeckten Bergen meist sonnig, während es in Lindau oft nebelig ist.

Eine **Hauptreisezeit** im üblichen Sinne gibt es im Allgäu nicht, allerdings kommen in einigen Gegenden die Gäste vor allem im Winter, wie beispielsweise im Kleinwalsertal. Andere Orte ziehen wiederum eher im Frühling, Sommer oder/und Herbst Besucher an, nicht selten Wanderer und immer öfter Radfahrer.

Der **Frühling** besticht im Allgäu vor allem wegen der blühenden Obstbäume rund um Lindau, während das Oberallgäu noch von einer dicken Schneeschicht bedeckt ist. Diese schmilzt in den oberen Lagen erst Ende April, an bestimmten Stellen sogar erst Ende Mai ab, sodass hochalpine Wanderungen mancherorts erst ab Juni möglich sind. Besonders schön sind im Mai die leuchtenden Löwenzahnwiesen im ganzen Allgäu.

Im **Sommer** sind endlich alle Gebiete vom Schnee befreit, die Wiesen blühen prachtvoll und das Wasser zahlreicher Seen ist warm genug, um darin zu baden. Für Wanderungen ist das Wetter oftmals noch zu wechselhaft. Dagegen locken die zahlreichen Angebote für Kinder immer mehr Familien an. Die Zeit zwischen August und Oktober ist wohl die schönste Zeit zum Wandern im Allgäu. Das Wetter ist beständiger und auch nicht mehr so heiß. Langsam setzt der **Herbst** ein, und die Abende werden wieder kühler. Der erste Schnee kann im Allgäu bereits Ende Oktober fallen. Im November

Winterlandschaft im Allgäu

schließen einige Hotels vorübergehend, andere bieten günstige Wellnesspauschalen an. Auch die Bergbahnen stellen im November für kurze Zeit den Betrieb ein, um technisch überprüft und eventuell repariert zu werden, bevor sie im Dezember wieder losfahren.

In der **Winter** kommen vor allem Wintersportler auf ihre Kosten. Die Saison liegt in der Regel zwischen Mitte Dezember und Ende März.

Kurtaxe

In den meisten größeren Orten der Tourismusregion Allgäu wird eine Kurtaxe beziehungsweise ein Kurbeitrag erhoben, der in der Regel zwischen € 1,50 und € 2,90 pro Nacht und Person liegt und für Urlauber gilt, die in Hotels, Pensionen oder auf Zeltplätzen und dergleichen übernachten. Befreit sind meistens Kinder bis zum vollendeten sechsten Lebensjahr. Eine Ermäßigung erhalten Kinder ab dem 7. bis zum vollendeten 16. Lebensjahr sowie Schüler und Studenten, Behinderte, Hartz-IV-Empfänger sowie Teilnehmer an Kongressen, Seminaren und Tagungen.

Mit Kindern im Allgäu

Unzählige Schlepp- und Sessellifte bringen die Skifahrer auf die Berge der Allgäuer Alpen

Das Allgäu ist perfekt für einen Ferienaufenthalt mit Kindern. Vieles ist möglich: Ferien auf dem Bauernhof, Wanderungen oder Radtouren durch die Natur, Besuche von Spaßbädern oder Museen. Auch eine Fahrt mit einer der zahlreichen Bergbahnen ist ein Erlebnis.

Dass die **Schlösser Neuschwanstein** und **Hohenschwangau** auch bei Kindern einen bleibenden Eindruck hinterlassen, steht außer Frage (www.neuschwanstein.com oder www.hohenschwangau.de).

Das Oberallgäu ist aufgrund seiner hohen Berge sicherlich das spannendste Gebiet für Kinder. Hier können sie im **Allgäuer Bergbauernmuseum** in Diepolz viel über den Alltag der Bergbauern erfahren (www.bergbauernmuseum.de). Auch das **Kutschenmuseum** bei Hinterstein fasziniert Kinder. Ein weiteres Highlight ist der Besuch der **Breitachklamm** (www.breitachklamm.de). Und es gibt im Winter **Skipisten**, die sich auch für die Kleinsten eignen. Im Westallgäu wird der Besuch des **Eistobels** bei Grünenbach

Automobilmuseum Wolfegg: Hier gibt's nicht nur Autos zu sehen

(www.eistobel.de), des »**Skywalks**« bei Scheidegg (www.skywalk-allgaeu.de) oder des **Automobilmuseums Fritz B. Busch** bei Wolfegg (www.automuseum-wolfegg.de) zum unvergesslichen Erlebnis. Und im Unterallgäu locken das **Schwäbische Bauernhofmuseum** bei Illerbeuren (www.bauernhofmuseum.de) sowie der **SkylinePark** bei Bad Wörishofen (www.skylinepark.de).

Nachtleben

Das Nachtleben im Allgäu ist überschaubar. Vor allem in den kleineren Ortschaften ist es schwer, eine Bar, Kneipe oder ein Restaurant zu finden. In den größeren Städten zeigt sich die Situation natürlich ganz anders. So gibt es vor allem in **Kempten** zahlreiche Möglichkeiten, die Nacht zum Tag zu machen; auch in **Füssen, Kaufbeuren, Lindau, Wangen** und **Memmingen** ist die Lage einigermaßen gut. Nicht zu verachten ist hier natürlich auch das bessere kulturelle Angebot mit Theatern, Konzertsälen, Kinos und Galerien. Während der Skisaison wird auch in Orten wie **Pfronten, Oberstdorf** und **Oberstaufen** gefeiert.

Rennradler auf dem Forggenseeradweg bei Füssen im Allgäu

Notfälle, wichtige Rufnummern

Euro-Notrufnummer (Rettungsdienst, Feuerwehr und Polizei): ✆ 112
Pannenhilfe ADAC: ✆ (018 02) 22 22 22 (aus dem Festnetz), ✆ 22 22 22 (vom Mobiltelefon ohne Vorwahl), ✆ +49 (89) 22 22 22 (aus dem Ausland)
ACE Euro-Notruf: ✆ (0711) 530 34 35 36
Notfallnummer für Kartensperrung: ✆ 116 116 (im Inland gebührenfrei)
Die Servicenummern sind rund um die Uhr besetzt.

Presse

Die meist verbreitete Tageszeitung des Allgäus ist die **Allgäuer Zeitung** (www.all-in.de). Sie wird von etwa 300 000 Menschen gelesen und hat ihren Hauptsitz in Kempten. Lokalausgaben erscheinen für Buchloe, Füssen, Immenstadt, Kaufbeuren, Kempten, Marktoberdorf, Sonthofen und Weiler. An zweiter Stelle fogt die **Schwäbische Zeitung** (www.schwaebische.de), die in Leutkirch ihren Sitz hat. Sie wird in ganz Baden-Württemberg verkauft und produziert Lokalausgaben für Leutkirch, Lindau und Wangen.

Informative Radioprogramme im Allgäu sind beispielsweise die Programme des **Bayrischen Rundfunks** (BR) sowie des **Südwestrundfunks** (SWR). Alternativ dazu bietet sich das **Allgäu-Radio RSA** an (www.rsa-radio.de).

Sport und Erholung

Golf:
20 Golfplätze gibt es im Allgäu, darunter den höchstgelegenen deutschen Abschlagplatz in Wiggensbach (www.golf-wiggensbach.de). Ob 6-Loch-, 9-Loch-, 18-Loch-Anlage mit Driving-Range oder Putting/Chipping Area – für jeden Geschmack ist etwas dabei. Auch für Anfänger, die in einigen Golfclubs Schnupperkurse belegen können (www.allgaeu.de).

Radwandern und Mountainbiking:
Weil Radfahren im Allgäu im Trend liegt, wurde erst kürzlich die Radrunde Allgäu kreiert, eine 450 km lange Rundstrecke auf überwiegend asphaltierten Straßen und Wegen, die durch das gesamte Allgäu führt. Sie ist natürlich auch mit einem E-Bike befahrbar, was zumindest streckenweise empfehlenswert sein kann, führt sie doch an einigen Stellen durchaus steil nach oben. Mountainbiker finden vor allem im Ostallgäu ein geeignetes Terrain (www.allgaeu.de/rad).

Wassersport und Badespaß:
Badeseen und Schwimmbäder laden vor allem in den Sommermonaten zu einer Erfrischung im kühlenden Nass ein. Die Bandbreite reicht vom Spaßbad wie jenes in der **Therme Bad Wörishofen** (www.therme-badwoerishofen.de) bis hin zum kristallklaren Bergsee, wie dem **Hopfensee** bei Füssen. Wassersport kann man am besten auf **Forggensee** oder auf dem **Bodensee** betreiben.

Entspannt an der Poolbar in der Therme Bad Wörishofen

Wandern auf Sennalpwegen

Wer mehr will, als einfach nur durch eine idyllische Berglandschaft zu wandern, wer dabei kulinarisch verwöhnt werden und darüber hinaus auch noch die Einheimischen kennenlernen möchte, sollte eine Wanderung von Sennalpe zu Sennalpe in Betracht ziehen. Etwa 50 davon gibt es im Allgäu, und ihnen allen ist gemeinsam, dass sie in einer Höhe von über 1000 Metern liegen und die Milch der in den Bergen weidenden Kühe, Ziegen und Schafe vor Ort verarbeiten.

Ende Mai oder Anfang Juni wird das Vieh hinaufgetrieben, Mitte September geht es wieder zurück ins Tal. In der Zeit dazwischen sind die Tiere mehr oder weniger sich selbst überlassen und sorgen nebenbei dafür, dass die für das Allgäu so charakteristischen Alpweiden nicht verbuschen. Vor allem Bergkäse und Butter werden hier in alterprobten, mühevollen Arbeitsgängen hergestellt, denn trotz modernster Technik hat sich die Arbeit des Käsens in den letzten 100 Jahren kaum verändert. Es erfordert schon viel Erfahrung, die eingedickte Milch mit der »Käseharfe«, einem Schneidegerät mit bis zu 24 parallel verlaufenden Drähten, zu zerteilen, oder den »Käsebruch«, erbsengroße Klümpchen, mit dem Leintuch aus der Molke zu heben. Doch letztendlich wirkt sich die sorgfältige Handarbeit auf die Qualität der vielfach ausgezeichneten Produkte aus.

Jede Sennalpe hat selbstredend ihren ganz eigenen Charme. Ist die eine ruhig und beschaulich, so besticht die andere vielleicht mit ihrem quirligen Treiben. Fast immer bekommen Besucher die Gelegenheit, die erzeugten Produkte zu probieren und zu kaufen. Der Gang zur Sennalp ist nicht immer einfach, denn keine Straße, nicht einmal Wege führen zu den meisten. Nur auf den ersten Blick werden sie wie im 19. Jahrhundert betrieben: Denn wenn es auch an Stromleitungen fehlt, die Sonnenkollektoren auf immer mehr Dächern erfüllen ihre Funktion in den Bergen natürlich bestens. Mehr Infos wie Adressen und Öffnungszeiten findet man auf der Website der Initiative Allgäuer Sennalpen e.V.: www.sennalpen.de.

Sennalpe Mittelberg bei Immenstadt

Wanderpause

Wandern und Klettern:

Wanderer und Kletterer fühlen sich im Allgäu im Paradies. Während sich die Hügel des Alpenvorlandes vor allem für Familien und Senioren eignen, verlangen manche Touren in die Hochalpen nicht nur größere Anstrengungen, sondern auch Erfahrung. Eine gute Vorbereitung und Planung der Tour sowie eine sinnvolle Ausstattung sind ebenfalls unabdingbar. So sollte man nicht nur geeignete Schuhe tragen, sondern auch an heißen Tagen wärmende Kleidung für plötzliche Wetterumschwünge dabeihaben. Ebenfalls sehr hilfreich sind höhenverstellbare Teleskopstöcke. Vor Tourantritt ist es unerlässlich, Informationen über das bevorstehende Wetter einzuholen (www.wetter-allgaeu.de). Informationen über diverse Touren gibt es unter: www.allgaeu.de.

Wellness:

Zentren des Gesundheitstourismus im Allgäu sind ohne Frage **Bad Wörishofen** und **Oberstaufen.** Während sich in Bad Wörishofen mit der Kneipp-Kur alles um die Lehre von Sebastian Kneipp dreht, folgt man in Oberstaufen mit der Schroth-Kur den mittlerweile modifizierten Anleitungen von Johann Schroth. Darüber hinaus gibt es im gesamten Allgäu zahlreiche Anbieter von Wellnessangeboten (www.allgaeu.de).

Pistenvergnügen am Füssener Jöchle

Wintersport:
Etwa 50 Skiorte zählt das Allgäu, dessen bekannteste ohne Zweifel **Oberstdorf** und **Oberstaufen** sind. Vor allem Oberstaufen ist unter den Besserverdienern recht beliebt, was sich bei den Preisen natürlich auch abzeichnet. Familien und Ruhe Suchende fühlen sich vermutlich in kleineren Orten wie **Pfronten, Nesselwang, Oberjoch, Hindelang, Fischen** oder **Balderschwang** wohl. Unzählige Schlepp- und Sessellifte bringen Touristen auf die insgesamt gut 250 km langen Skipisten. Dazu kommen etwa 450 km Langlaufloipen.

Auf der folgenden Website finden Sie neben Informationen auch immer den aktuellen Wintersportbericht: www.allgaeu.de.

Sprachhilfen für das Allgäuerische

Der Allgäuerische Dialekt hat seine Wurzeln im Alemannischen und unterscheidet sich von Region zu Region. Je nach Gegend ist auch der Einfluss des Schwäbischen unverkennbar. Die Grenze der beiden Mundarten wird die Wiib-Weib-Linie genannt und verläuft östlich des Westallgäus und südlich von Immenstadt im Oberallgäu. Spricht man südwestlich dieser Linie eher Alemannisch, wird in den übrigen Regionen eher Schwäbisch gesprochen.

Bei aller Unterschiedlichkeit gibt es auch einige wenige Gemeinsamkeiten. So kommen die Bezeichnungen

Feel (Mädchen) und *allat* oder *alla* (immer) im gesamten Gebiet des Allgäu vor.

Unterkunft

Im Allgäu gibt es ein breites Spektrum an Unterkunftsmöglichkeiten. Schicke Hotels, gemütliche Familienpensionen, gut ausgestattete Campingplätze und moderne Jugendherbergen – die Auswahl ist groß und die Qualität kann sich sehen lassen. Die Preise unterscheiden sich in manchen Regionen saisonal erheblich, so zum Beispiel im Oberallgäu, wo die Kosten in der Wintersaison deutlich nach oben schnellen. Auch im Sommer sind die Preise teurer als während der Nebensaison im Frühling und Herbst.

Hotels, Gasthöfe, Pensionen:
Immer beliebter werden Wellness- und Kurhotels, die oftmals auch für ein Wochenende aufgesucht werden. Nicht wenige von ihnen bieten Pauschalarrangements, liegen insgesamt aber in der oberen Preisklasse. Sehr gefragt sind auch Familienhotels, die sich nach den Bedürfnissen der Kinder richten und oftmals auch eine Kinderbetreuung anbieten.

Ferienwohnungen und Privatzimmer:
Preislich in der Regel noch unter den Pensionen gelegen, bieten die Zimmer und Wohnungen von Privatanbietern u. a. die Möglichkeit, sich auch mal sein Essen selbst zu kochen. Eine gute Auswahl erhält man auf

Die Vier-Sterne-Villa Jägerhaus mit wundervollen Ausblick auf Schloss Hohenschwangau

www.allgaeu.de. Hier gibt es Links zu Anbietern, die sich zur Vereinigung »Allgäu-Gastgeber mit Herz« zusammengeschlossen haben.

Bauernhöfe:
Eine Besonderheit im Allgäu sind die vielen Bauernhöfe, auf denen man übernachten kann. Oftmals sind sie speziell auf die Bedürfnisse von Familien eingerichtet, immer öfter werden aber auch Schroth-Kuren oder Kneipp-Anwendungen angeboten.

Hütten:
Falls man für eine mehrtägige Wanderung in einer Hütte unterkommen möchte, kann man sie u. a. auf folgenden Websites finden: www.berghuetten-allgaeu.de oder www.alpenverein.de.

Idyllisch: Urlaub in der Berghütte in Hinterstein

Auf Bauernhöfen dürfen Kinder auch mal Kühe füttern

Camping:
Als Destination für Campingurlauber ist das Allgäu ideal. Zahlreiche Campingplätze, deren Niveau vom einfachen Stellplatz bis zum Fünf-Sterne-Campingplatz reicht, bieten ihre Dienste an. Eine der schönsten Gegenden für einen Urlaub im Zelt oder Wohnmobil ist beispielsweise der Hopfensee.

Jugendherbergen:
Nicht zuletzt weil zahlreiche Hostels an Attraktivität zulegen und auch immer mehr Zweibettzimmer anbieten, könnte sich ein Aufenthalt in einer Jugendherberge lohnen. Jugendherbergen gibt es in Füssen, Lindau, Oberstdorf und Ottobeuren.

Verkehrsmittel

Die Versorgung durch öffentliche Verkehrsmittel ist im Allgäu hervorragend. Von der zentralen Bahnstrecke, die Lindau mit Memmingen und München verbindet, zweigen gleich mehrere Bahnlinien ab, die ungefähr stündlich verkehren und in beinahe alle größeren Ortschaften führen. Von dort aus gelangt man gut mit den regelmäßig verkehrenden Bussen in die abgelegeneren Gegenden. ■

Die **fetten** Seitenzahlen verweisen auf ausführliche Erwähnungen, *kursiv* gesetzte Begriffe bzw. Seitenzahlen beziehen sich auf den Service.

Sonnenwinter in der Urlaubsregion Füssen im Allgäu

Allgäu GmbH: S. 4 u., 133, 134, 143, 178, 181, 182, 183, 185; Dominik Berchtold: S. 4. o. l., 128, 163, 164 o.; Christoph Gramann: S. 4. o. r., 195; Klaus-Peter Kappest: S. 190; Arthur F. Selbach: S. 14, 20 o.; Günter Standl: S. 194
Allgäu Skyline Park: S. 153
Allgäu Sonne: S. 92
Alpsee Immenstadt Tourismus GmbH: S. 84 o.
Automobilmuseum Wolfegg/Nicolas Flosbach: S. 187
Bad Hindelang Tourismus: S. 3 o. r., 80, 81
Bauernhaus-Museum Allgäu-Oberschwaben Wolfegg: S. 137
Baumhaushotel Allgäu GbR: S. 109
Bayern Tourismus Marketing GmbH: S. 26, 66
Bayerische Schlösserverwaltung/www.neuschwanstein.de: S. 64 o.
Bregenzer Festspiele/Karl Forster: S. 142
Chiemgau Tourismus e.V., Traunstein: S.64 u.
Fischertagsverein Memmingen: S. 175
Forggenseeschifffahrt Füssen: S. 51 u.
Fotolia/Arkosmr: S. 95 o.; Christa Eder: S. 33 o.; Christoph Hähnel: S. 177; Jens Ottoson: S. 74; Andreas P: S. 86, 87, 94
Füssen Tourismus und Marketing/Andreas Hub: S. 16, 27; Gerhard Bumann Photografie: S. 52; Gerhard Eisenschink: S. 188; Michael Lukaszewski Fotografie/www.lukafo.de: S. 34; Hubert Riegger: S. 184; Jakob Weimper: S. 55; www.guenterstandl.de: S. 2 o. Mitte, 15, 18 o., 20 u., 21, 23 o., 29, 30, 54, 63, 192, 197; www.ulrichhaas.com: S. 19
GALAX FUGGER DE ARAGON GmbH: S. 156
Gundula Geißler, Missen: S. 47
Heimatdienst Buxheim e.V.: S. 155 u.
Jo Hermann, Bad Grönenbach: S. 145
Hotel Hohenfels, Tannheim: S. 99
Isny Marketing GmbH: S. 114, 180; Ernst Fesseler: S. 116; Thomas Gretler: S. 115, 117
iStockphoto/argalis: S. 173; AVTG: S. 3 o. l., 10; Martina Barbist: S.32; Ben185: S. 125 o.; Joachim Berninger: S. 77; Brue: S. 8/9, 67; Catolla: S. 25 u.; Andrew Chambers: S. 101 o.; clu: S. 172; DenGuy: S. 193; Christoph Dietrich: S. 85; Freeartist: S. 138; Kisa_Markiza: S. 33 u.; Philip Lange: S. 31; Bogdan Lazar: S. 122; Michael Major: S. 6; Marcel Mayer: S. 141; Uwe Moser: S. 11 o., 191; Photo75: S. 65; Photohomepage: S. 91 o.; Tupungato: S. 48; Martin Wandel: S.186; Ingmar Wesemann: S. 50, 53, 110/111; Chris Willemsen: S. 159 o.; Xyno: S. 22
Daniel Käß, Altusried: S. 76
Kaufbeuren Tourismus- und Stadtmarketing e.V.: S. 57, 59; Tobias Scheßl: S. 4. o. Mitte, 60, 61
Kneipp-Original Bad Wörishofen: S. 147 u., 149
Kultur & Tourismus Lindenberg/Thomas Gretler: S. 126, 127
Kur- und Tourismusbetrieb Bad Wörishofen: S. 147 o., 148 u., 150, 151, 152
Kurverwaltung Bad Grönenbach: S. 146
Lindau Tourismus/www.bayern.by - Gert Krautbauer: S. 11 u., 124
mauritius images/Dieter Hopf: S. 113
Musiktheater Füssen Besitz GmbH & Co. KG: S. 35
Naturschutzzentrum Wurzacher Ried: S. 112
Neuschwanstein Hotels & Events: S. 68
Susann Naumann, Dresden: S. 38
Oberstaufen Tourismus: S. 88 u.
Magnus Peresson, Füssen: S. 169
Pixelio/Sabine Menge: S. 88 o.; Carsten Przygoda: S. 120 o., 121 u.; Joerg Sommer: S. 51 o.
Sektion Allgäu-Kempten des Deutschen Alpenvereins e.V.: S. 108
Shutterstock/U.J. Alexander: S. 46; Bavaria Pictures: S. 70; Bildagentur Zoonar GmbH: S. 42, 69; cityfoto24: S. 111; Simon Dannhauer: S. 98; Drepicter: S. 40, 91 u.; Eder: S. 104; Wolfgang Filser: S. 79 u.; footageclips: S. 49, 157, 158 o., 168; FooTToo: Schmutztitel (S. 1), 17, 58; Karel Gallas: S. 118; German Globetrotter: S. 96 u.; imageBROKER.com: S. 164 u.; Tanya Jones: S. 28; Rafael M. Lopez: S. 140; Luca Luceri: S. 71; Manninx: S. 45, 95 u.; marima: S. 78/79 o.; mindscapephotos: S. 39, 44, 89, 90; Mor65_Mauro Piccardi: S. 136; NatureQualityPicture: S. 129; Petra Nowack: S. 82; pitsch22: S. 135 o.; PlusONE: S. 83; Andreas Prott: S. 97; Raphoton: S. 158 u.; Volker Rauch: S. 144; Alexander Rochau: S. 93; reuerendo: S. 123; Hagen Simon: S. 119; Sina Ettmer Photography: S. 3 o. Mitte, 73; SusaZoom: S. 36; tipwam: S. 72; travelview: S. 2 o. l., 24; Trybex: S. 96 o.; tzuky333: S. 23 u.; WagnerWehlingPhotography: S. 132; Michal Zduniak: S. 176
skywalk allgäu Naturerlebnispark: S. 130
Stadt Immenstadt: S. 84 u.
Stadt Kempten/Andreas Ellinger: S. 102, 105, 106, 107
Stadt Leutkirch: S. 120 u., 121 o., 131, 179
Stadt Memmingen: S. 161 u.; © Alwin Zwibel: S. 159 u., 161 o., 162
THERME Bad Wörishofen GmbH: S. 154, 189
Touristikamt Kur & Kultur Ottobeuren/ Christian Prager: S. 167; WWW.LUFTBILD-BERTRAM.DE: S. 166
Tourist-Information Mindelheim/Robert Seitz: S. 165
Tourist-Information Nesselwang: S.2 o. r., 62
Wikipedia/ManuElaZ: S. 103; Wikipedia (CC BY-SA 1.2)/Bullenwächter: S. 125 u.; Wikipedia (CC BY-SA 3.0)/Flodur63: S. 18 u.; Wikipedia (CC BY-SA 3.0)/Franzfoto: S. 135 u.; Wikipedia (CC BY-SA3.0)/ Hukukçu: S. 101 u.; Wikipedia (CC BY-SA 1.0)/Angela Huster: S.13; Wikipedia (CC BY-SA 3.0)/Robin Müller: S. 75; Wikipedia (CC BY-SA 3.0)/Andreas Praefcke: S. 56; Wikipedia (CC BY-SA 3.0)/User:Memmingen: S. 155 o.; Wikipedia (CC BY-SA 3.0)/Christoph Wagener: S. 25 o.; Wikipedia (CC BY-SA 3.0)/Wolkenkratzer: S. 12 u.; Wikipedia/Xocolatl: S. 100
VISTA POINT Verlag (Archiv), Rheinbreitbach: S. 12 o., 139, 148 o., 160, 170, 171, 174

Titelbild: Besinnlicher Sonnenuntergang am See bei Füssen (Foto: iStockphoto/wingmar)
Umschlagrückseite: Auf dem Hochgrat (links/s. S. 90); Das im 18. Jh. erbaute Schloss Bad Wurzach an der oberschwäbischen Barockstraße (Mitte/s. S. 111); Burgruine Falkenstein bei Pfronten (rechts/s. S. 71)
Schmutztitel (S. 1): Geschmücktes Braunvieh vor dem Almabtrieb
Seite 2/3/4 (v.l.n.r.): Hohes Schloss in Füssen, Geigenbauerwerkstatt von Pierre Chaubert in Füssen, Nesselwang, Schloss Neuschwanstein, Zugspitze, Alphornbläser aus Bad Hindelang Oberjoch, Marienplatz von Mindelheim, Innenstadt von Kaufbeuren, Bauernhof im Allgäu, Wilde Krokusse (S. 4 u.)
Seite 10/11: Schloss Neuschwanstein (S. 10), Wanderpause (S. 11 o.), Maximilianstraße in Lindau (S. 11 u.)

Mit Textbeiträgen aus **1000 Places To See Before You Die – Deutschland · Österreich · Schweiz** von Christine Berger, Gunnar Habitz, Tina Hoffmann, Die Journalisten, Roland Mischke, Detlef Schmalenberg und Patricia Schultz.

Unser/e Autor/in hat diese Ausgabe unmittelbar vor Ausbruch des Coronavirus recherchiert. Aufgrund der Pandemie kann es zu veränderten Öffnungszeiten und Zugangsbeschränkungen sowie Schließungen kommen. Wir bitten dies zu entschuldigen!

Reihenkonzeption: Andreas Schulz & VISTA POINT-Team
Bildredaktion: Kathrin Fäller
Lektorat: Kathrin Fäller
Layout und Herstellung: Britta Wilken
Reproduktionen: Henning Rohm, Köln; Noch & Noch, Datteln
Kartographie: Huber Kartographie GmbH, Unterschleißheim
Druckerei: Florjançiç tisk d.o.o., Slowenien

ISBN 978-3-96141-478-9

An unsere Leser!
Die Informationen dieses Buches wurden gewissenhaft recherchiert und von der Verlagsredaktion sorgfältig überprüft. Nichtsdestoweniger sind inhaltliche Fehler nicht immer zu vermeiden. Für diese übernimmt der Verlag keine Haftung. Für Ihre Korrekturen und Ergänzungsvorschläge sind wir dankbar.

VISTA POINT Verlag
Rolandsecker Weg 30 · 53619 Rheinbreitbach
Telefon: +49 (0)2224/7795-0 · Fax: +49 (0)2224/7795-100
info@vistapoint.de · www.vistapoint.de · www.facebook.de/vistapoint